《华英字典》译义元语言研究

张淑文◎著

河海大学出版社
·南京·

图书在版编目(CIP)数据

《华英字典》译义元语言研究 / 张淑文著. —南京：河海大学出版社，2020.12

ISBN 978-7-5630-6661-2

Ⅰ. ①华… Ⅱ. ①张… Ⅲ. ①双解词典-研究-英、汉 Ⅳ. ①H164②H316

中国版本图书馆 CIP 数据核字(2020)第 264183 号

书　　名	《华英字典》译义元语言研究 HUAYING ZIDIAN YIYI YUANYUYAN YANJIU
著　　者	张淑文
书　　号	ISBN 978-7-5630-6661-2
责任编辑	杜文渊
特约校对	李　浪　杜彩平
封面设计	冯晓哲
出版发行	河海大学出版社
地　　址	南京市西康路 1 号(邮编:210098)
电　　话	(025)83737852(总编室)　(025)83722833(营销部)
经　　销	江苏省新华发行集团有限公司
排　　版	南京紫藤制版印务中心
印　　刷	广东虎彩云印刷有限公司
开　　本	718 毫米×960 毫米　1/16
印　　张	13.25
字　　数	211 千字
版　　次	2020 年 12 月第 1 版
印　　次	2020 年 12 月第 1 次印刷
定　　价	78.00 元

前言

《华英字典》6卷本(1815—1823)是世界上第一部英汉汉英词典,为19世纪初第一位基督教新教来华传教士马礼逊(Robert Morrison,1782—1834)所编纂。《华英字典》在相当长一段时间内都是西方人学习汉语、了解中国文化的重要资源,被其后的汉外词典编纂者奉为圭臬。这部词典的中国文化构建特色鲜明,路径独特,具有开创性和影响力。研究这样一部面向外国人汉语学习、具有独特历史文化价值的双语词典,对于提高我国外向型词典编纂与研究水平,推动汉语和中国文化国际传播具有重要的现实意义。

我国现有的双语词典文化研究往往偏重原语文化特色词译义的零散个案分析和主观定性评价,较少基于文本的系统考察与分析展开对词典文化构建功能与路径的整体性研究,且偏重考察描述物质文化现象的词语条目,文化研究内容较为单一。对译义元语言研究的方法论价值不够重视是已有双语词典文化研究不尽如人意的重要原因。译义元语言是在双语词典译义过程中描述和阐释原语的元语言,译义的过程是双语词典编者利用译义元语言赋予原语词汇系统意义的过程,也是译义元语言构建原语文化的过程。译义元语言赋予原语词汇系统的文化构建意义,这是通过译义元语言来系统考察双语词典文化构建功能与价值的重要理据所在。

研究译义元语言的原语文化构建功能,既需要将译义元语言与原语分离,专门研究译义元语言的系统性特征,也需要研究它与原语文化的关系。本研究选择语言文化场作为揭示译义元语言系统及其原语文化构建特点的分析框架。语言文化场是由同类语言文化单位构成的聚合体,是在对语言文化单位进行归类与分层后形成的。作为一种综合性、系统性的分析方法，语言文化场为突破以往双语词典文化研究的微观、静态、离散的研究范式提供了一条新途径。

本书通过对《华英字典》译义元语言系统的考察，深入细致地分析了马礼逊利用译义元语言构建中国文化形象的文本机制，并对影响其文化构建功能的编用主体因素进行讨论。本书具体涉及三大研究问题：

1.《华英字典》译义元语言系统有哪些主要特征？具体如何体现？

2.《华英字典》译义元语言系统如何构建中国文化？

3. 编用主体因素如何影响《华英字典》译义元语言的文化构建？

在具体研究方法上，首先利用语料库检索软件 AntConc 提取《华英字典》6 卷本三部分词典正文中所有不重复英语词汇及其词频信息；接着基于《朗文多功能分类词典》“以人类的社会生活为中心，围绕着社会中的人”的语义分类原则，对提取出的译义元语言词汇进行三级语义分类，形成三级语言文化场；然后在语言文化场中考察《华英字典》译义元语言系统的特点，并选取译义文化元词-中国文化关键词“sacrifice -祭祀”所构成的双语语言文化场进行细致的个案分析，以展现《华英字典》译义元语言构建中国文化的主要特点；最后，探讨编用主体因素对词典译义元语言在原语文化构建及用户原语文化接受方面的影响。

本研究主要有三个方面的发现：

1.《华英字典》译义元语言系统按三级语义分类后形成的语言文化场呈现出整体性、层次性和动态性特点。从其译义元语言系统的整体性来看，译义元语言 14 大语义类分布没有缺类现象；从系统的层次性来看，按照三级语义分类后形成的语言文化场呈现出鲜明的层次性，《华英字典》三部分词典的语义分布具有一致性，都是描述制度文化及精神文化的译义元语言比例最高；从系统的动态性来看，译义元语言对中国文化的阐释和意义构建不是通过一个个词条一次性完成的，而是一个在整部词典中逐步充实的动态系统过程。

2.《华英字典》译义元语言系统对中国文化的呈现具有选择性，对于表达物质文化的词语，其译义元语言描述很简单，而反映人与人之间关系及中国人的精神世界内容的词语，译义元语言描述则很详细。译义元语言的中国文化阐释体现了马礼逊的西方文化立场和基督教视角，他利用译义元语言对中国文化体系再系统化和自觉重构，但对中国文化的描述和评价有一定的误解和偏离。

3. 编纂活动中的编用主体因素影响译义元语言系统的原语文化构建。词典编者根据词典用户的特点和需求考虑文本的特征定位,而用户的具体特点和需求则帮助编者明确和细化文本的实际内容与文本安排。本书从译义元语言入手,对《华英字典》的词典结构设计和文本内容进行分析,揭示了马礼逊与具有共同文化背景的西方词典用户在交际互动的基础上形成了共同主体关系,元话语等译义元语言手段的使用对词典用户更有效地认知和接受目的语文化具有促进作用。

本研究对双语词典学特别是外向型双语词典学理论和实践研究具有积极的推进意义。第一,在理论上,将元语言理论研究从单语词典释义元语言拓展至双语词典译义元语言,以双语词典译义元语言为研究对象,探讨译义元语言系统的特点和文化构建功能,阐明了译义元语言对于双语词典文化研究的理论价值和现实意义。第二,在方法论上,对双语词典文化研究的路径进行新探索,本研究将译义元语言系统的整体性描述和译义文化元词的个案分析相结合、定性描述和定量研究相结合、主体和客体相结合,展现出以往微观的双语词典文化研究难以揭示的系统性特征。第三,在实践上,本研究揭示的《华英字典》译义元语言文化构建功能及文本机制对我们当今及未来的外向型双语词典编纂具有重要的借鉴价值。要使外向型双语词典真正成为汉语及中国文化传播的有效载体与工具,充分利用好词典文本的译义元语言文化构建功能非常关键。外向型双语词典编纂仅有积极传播中国文化的意识还不够,需要在文化构建的有效路径方面有所突破,这方面,马礼逊《华英字典》的文本实践可为我们提供有益的借鉴与启发。与此同时,我国的外向型汉语学习词典编者应充分注意词典用户在个体特征、学习动机、学习需求及学习环境等方面的特殊性,协调汉语母语编者与汉语非母语用户之间的编用主体关系,努力构建编用共同主体关系,借助适切的译义元语言手段来体现编者与用户有效的交际互动,从而促进学习者对汉语语言的有效认知及对中国文化的准确理解和接受。

目　录

第一章　绪　论

近些年来，汉语国际传播不断深入，非母语汉语学习者人数在迅速增加。“顺应全球性的‘学汉语’热潮，充分发挥词典的规范与教诲功能，是最大效率地向世界推广汉语的重要方法，毫无疑义地有助于推动建立汉语的国际地位，最终增强国家文化软实力。”（陈伟 2011：5）这里所指的词典主要是我国词典工作者编纂的面向非母语汉语学习者的词典，以下简称“外向型”词典，外向型词典对于我国的汉语和文化的国际推广和传播有重要作用。但我国编纂出版的外向型词典并不多，且多为面向来华留学生的对外汉语单语词典，双语的汉外词典极少，受用户青睐的更是凤毛麟角。究其原因，主要是我国外向型汉外词典理论和编纂实践相对滞后，创新不足，编者受汉语母语思维影响较大，对非母语汉语学习者语言文化学习的特点、难点和需求了解不够，同时对词典作为文化工具的认识也不充分，缺乏利用词典来系统有效地介绍和传播中国文化的自觉意识。

早期汉语及中国文化国际传播中的辞书编纂主体是自 16 世纪末来华的欧洲基督教传教士，他们为了有效推进基督教在中国的传播，都把学好汉语作为首要任务。用汉语出版宗教性读物、撰写或翻译其他介绍西方的书籍都需要尽快地掌握汉语，所以他们一踏上中国的土地就开始筹划编纂汉外辞典，并为此做出了不懈的努力。（沈国威 2011a: 122）世界上首部汉外词典是由 16 世纪入华耶稣会士罗明坚（Michele Ruggieri，1543—1607）和利玛窦（Matteo Ricci，1552—1610）合作编写的《葡汉词典》（约 1583—1588），而世界上首部汉英英汉双语词典则是 19 世纪初第一位基督教新教来华传教士马礼逊编纂的《华英字典》。《华英字典》开创了 19 世纪传教士及其他西方学者编纂类似辞书的风气，此后西方人编纂的汉英双语词典大量出版，至20世纪30年代澳大利亚传教士马修斯（Robert Henry Mathews，1877—1970）编纂的《汉英词典》（*A Chinese-English Dictionary Compiled for the China Inland Mission*）出版后进入尾声。这批由西方人编纂的面向非母语汉语学习者的早期汉外双语辞书值得当今双语词典编纂者与研究者重视。鉴往知来，本研究希望通过对《华英字典》的中国文化系统构建特点的考察，来探讨其对当代外向型汉外词典编纂的借鉴意义。

1.1 研究背景

本研究选择《华英字典》作为研究对象，是因该词典本身在双语词典史上的独特地位，更是基于对汉语国际传播的现状、非母语汉语学习者的汉外辞书需求，以及当前外向型辞书编纂实践与理论研究等现实问题的思考。

外向型双语词典是辅助非母语汉语学习者学习汉语和中国文化的重要资源，但我国此类词典的研编现状还不尽如人意，远远不能适应国际上“汉语热”的形势及我国汉语与中国文化国际传播的发展战略。当前，海外汉语学习者的人数远多于来华留学生的人数，且学习者的年龄、学习动机、汉语水平等方面存在很大差异。对外汉语教学已“从过去的请进来、对有一定学历的成年人进行面对面教学，发展到走出去、对社会上各式各样的人进行多种方式的教学”（许琳 2007：107）。

目前，我国编纂出版的外向型汉语词典模式单一，多为面向中高级汉语水平来华留学生的对外汉语单语词典，受学习者欢迎的外向型汉外双语词典数量很少，且品种单一，这一状况极不利于占学习者绝大多数的初中级非母语汉语学习者，尤其是海外非汉语语境下的汉语语言文化学习者。据魏向清等（2011）的统计，我国1978—2008年间编纂出版了31部供外国人汉语学习的外向型汉语词典，其中绝大多数为汉语单语词典，英汉汉英双语词典中，仅有8部为外向型汉英词典，尚无一部专门的外向型英汉词典。对来华留学生汉语词典使用情况的调查显示，留学生拥有的由我国对外汉语教学专家精心编纂的单语汉语学习词典数量非常少，他们绝大多数使用的是国外编纂出版的汉外双语词典（杨金华

2007;夏立新2009;章宜华2010,2011;等等)。章宜华研究团队对暨南大学留学生汉语词典使用的调查发现,国内出版的汉语词典在留学生中的拥有量只占6.8%,有40.18%的留学生不知道这些词典的存在。由调查和访谈的结果得知,国内编纂的学习词典不能满足他们的学习要求,用起来不方便。(章宜华2010:5)夏立新(2009)调查了广州的留学生对外汉语学习词典的使用情况,发现全部受试者中没有一人使用过任何一种类型的对外汉语学习词典。迄今这种状况也未得到明显改观。留学生不爱使用我国编纂出版的对外汉语学习词典,其中一个重要原因是这些词典多为单语词典,不能满足其对词典使用的需求。

外国汉语学习者对汉英双语词典的需求远大于对汉语单语学习词典的需求,但我国的外向型汉外词典研编状况相对落后,市场占有率低,与当前全球性的"汉语热"现象很不相称,不利于我国大力弘扬和传播汉语及中华文明的国家文化发展战略的实施。

我国外向型汉语词典编纂及市场接受不尽如人意,这种现状也与我国词典相关理论研究的缺失密切相关。学习者不愿使用我们编纂的对外汉语学习词典,尤其是单语汉语词典,这固然有词典本身设计和编纂质量方面的问题,更为重要的原因是我们片面强调单语词典对于语言学习的作用,而对双语词典促进外语学习的积极作用认识不足。双语词典中用以描述和阐释原文语言文化的语言(即本书所称的译义元语言)为学习者的母语时,能使双语词典"在提高词汇习得速度和减轻词汇习得负担,使翻译活动顺利进行和帮助减少跨文化交际中的翻译失误和理解失误方面起着较单语词典更为积极的作用(王馥芳、陆谷孙2005:59)"。

外向型汉语词典编纂的目的是辅助汉语非母语者的汉语言文化学习,促进中国文化与思想的全球传播,它处理的不仅是语言的问题,更是文化的问题。但当前的词典编纂出版实践和理论研究中,外向型词典的文化研究并没有得到应有的关注,正如陈伟(2011:5)所指出的,对外汉语词典基本上流于简单的文字识教与语言信息传授,尚没有渗透一种国民语言战略意识与国家文化软实力提升思维,有意识、成系统地传播优秀的中国传统文化与新型文化。如果非母语汉语学习者不接受我们精心编纂的汉语学习词典,词典在汉语和中国文化的国际传播中应有的作用就难以发挥。我国编纂出版的对外汉语词典主要为常用词用法词典及针对汉语水平考试的应试词典,且大部分是面向来华留学生的汉语单语词典，很少针对海外不同国别、不同汉语水平学习者的个性需求与认知特征来设计。单语对外汉语词典最大的问题是制约了中国文化构建和传播的有效性，相对而言，双语词典中译语作为学习者的母语对学习者更具有语言和文化认知上的优势。

目前的词典文化研究偏重面向中国英语学习者的内向型汉英英汉词典，研究的主要是词典中文化信息引入的必要性、处理的一般原则，以及微观条目层面的文化特色词考察等内容，很少关注外向型汉外学习词典译义的过程，也未能通过有效的途径对整部词典文化信息呈现的特点进行系统考察，而且忽略了编者和用户主体因素对于词典交际有效性的影响。当前的非母语汉语学习主体具有复杂多样的特点，而且当代大中型词典项目通常是集体编纂，编纂主体内部也存在编纂理念及实践不一致的现象。一方面，非母语汉语学习者与汉语母语词典编者之间存在很大差异；另一方面学习主体内部以及编者主体内部都存在需协调统一的问题。在当今中国文化"走出去"的大背景下，词典中呈现哪些文化，如何准确精当地呈现和传播中国优秀文化，引导世界更好地了解中国；同时，如何发挥编者群体主体性的积极作用，充分考虑学习者的特点和需求，建立词典编者和用户良好的交际互动关系，增强文化接受的有效性，这些都是我国词典编者和理论研究者需要面对的重要议题。

马礼逊是19世纪初第一位基督教新教来华传教士。当时的清朝政府严令禁止中国人教外国人学汉语，并严禁外国人购买中国书籍或学汉语。在汉语学习极为不利的条件下，以马礼逊为代表的西方传教士编纂的一批汉英双语词典成为帮助西方人学习汉语及中国文化极为重要的辅助工具。此类词典的编者有着明确的编纂目的，即帮助传教士学习汉语，认知中国文化，以便使用汉语在中国传教。这些西方词典编者自身是成功的汉语学习者，他们了解非母语汉语学习者学习汉语的特点和难点，在词典的编纂中融入了自身的汉语学习经验。马礼逊《华英字典》"采集了中国文化的各种信息，富含有中国的历史、文化、政治、宗教、习俗等内容，内容远远超过了单纯的语言工具字典，近似一部百科辞典"（朱凤 2005：2），因而在相当长一段时间内都是西方人学习汉语、了解中国文化的最主要资源，被其后的汉外词典编纂者奉为圭臬。研究这样一部具有独特历史价值的词典，有助于我们摆脱词典编纂中母语思维的不利影响，对分析新时代的词典用户复杂的特点和多样需求，完善外向型汉外学习词典的编纂实践模式及推动理论构建具有重要意义。

1.2 研究对象

本书以马礼逊《华英字典》的译义元语言词汇系统为研究对象，考察由译义元语言构建的中国文化系统的特点，探讨《华英字典》的编纂实践对中国当代外向型汉外词典研编的借鉴意义。

1.2.1 《华英字典》简介

马礼逊1807年来华，自1808年开始编纂《华英字典》，历时15年，至1823年包括三部分6卷本的《华英字典》全部出齐。第一部分为3卷本部首排序汉英词典《字典》，其中卷1的第1册1815年出版，卷2和卷3分别出版于1822年和1823年；第二部分是2卷本音序汉英词典《五车韵府》，卷1为词典，1819年印行，卷2是汉字字体及中英文索引，1820年出版；第三部分是《英汉词典》，1822年出版。三部分相互独立，编写体例各不相同。

需要说明的是，因《华英字典》的汉英词典以汉字作为字头，参照的主要是汉语字典，称字典更合适，而英汉词典是以英语单词为词头，通常称为词典，本书行文中字典词典通用，有时并不严格加以区分。

关于《华英字典》总页数及各分卷的页数，人们还存在争议。只提及6卷本总页数的，基本都认为是4595页。还有研究者根据各分卷正文页及卷首页统计得出不同结果，如库寿龄认为正文页4775页，卷首页44页，共4819页；叶再生的统计为正文页4830页，卷首页70页，共4900页。（卓新平2011:111；谭树林2004:52）根据对多伦多大学图书馆电子版、康奈尔大学图书馆电子版及大象出版社影印版的统计，《字典》3卷本正文页为2722页；《五车韵府》卷1为1086页，卷2为483页，其中卷1标注为1090页，但在400页后页码标注出现疏漏，本该标401页的却标了405页，实际页码比标注的少4页，因而2卷实际正文页1569页；《英汉词典》480页。6卷本实际正文总页数是4771页。加上总卷首页51—62页，《华英字典》总页码实际为4822—4833页。

《华英字典》第一部分3卷本《字典》共收汉字字头4.8万。马礼逊

(Morrison 1815: ix)在《字典》序言中称:“我所编的字典以《康熙字典》为基础,第一部分《字典》中汉字的编排和数量依据《康熙字典》。定义和例句主要源自《康熙字典》,还有我个人汉字使用的知识、罗马教会的手抄本字典、中国文人以及为编这部字典而研读的各种书籍。”马礼逊认为《康熙字典》“几乎完全忽视了口语。因此仅翻译《康熙字典》无法满足欧洲学生的需要,《康熙字典》是为中国人而编,并非为外国人而编”。他还指出罗马教会手稿汉语字典及德金印刷版的不足,“手抄本字典收有10000—13000个汉字,最近出版的法文版收有13316个字,两部字典的例句中都不含汉字,因而学习者难以确认例句中的汉字和词汇”。(Morrison 1815: ix)《字典》一共3卷,214个部首中,第1卷“一部”至“宝盖部”只有40个部首,第2卷“寸部”至“米部”79个部首,第3卷“丝部”至“龠部”95个部首,但3卷页码相差不大。第1卷的译义全面细致、引经据典,涉及中华文化的方方面面,而第2卷和第3卷则明显简略很多。

《华英字典》第二部分《五车韵府》每个字头右上角都标了数字,最后的“肜”字右上端标“12674”,但《五车韵府》并非只收12674个汉字。据汪家熔(1996:43)的统计,《五车韵府》实际收2.7万左右,异体字列在一起,共收12674组汉字。《五车韵府》仅收录常用字及较常用的异体字,不常用的异体字不收录,总字数比《字典》少1万多,表明该部词典重视常用字、注重实用性的特点。

《五车韵府》的释义比《字典》简单,这是马礼逊为适应学习者的学习目的而做出的调整。他发现当时大多数欧洲人是为利益所驱而学习汉语,他们对口语更感兴趣,并不重视中国文化知识的学习。马礼逊在《五车韵府》前言中说:“(欧洲人)对这方面的期待并没有显得很迫切。这并非是说,汉语与一些欧洲文人所关注的事物相比不值得重视,而是因为赶时髦、兴趣爱好和国家间的交往并没有促发其对汉语的追求。”(Morrison 1819: iii)第一部分《字典》更为重视对中国文化的介绍,但为满足汉语学习者的实用需求,马礼逊中断了《字典》的编纂与出版,转而先编纂出版更为简单实用,且注重口语表达的《五车韵府》。

《英汉词典》是《华英字典》的第三部分,相比于前两部以汉语字典为蓝本的汉英词典,马礼逊《英汉词典》的编纂被认为是难度最大的,最能体现其独创性。谭树林(2004:63)认为,马礼逊编纂《英汉词典》没有底本可供参考,因此这部分篇幅不长,但比第一、二部分要难得多。虽然来华之前,马礼逊曾从伦敦皇家学会借出《拉丁汉语字典》誊抄一遍,但有人对比后发现两者出入很大。朱凤(2005: 38)认为《英汉词典》既是马礼逊汉语学习高级阶段的产物,也是马礼逊智慧和功力的杰出体现。

大多数面向中国人学英语的英汉词典为英语词目标注音标,而马礼逊《英汉词典》中的英语词目没有标注音标,也没有像通常的英语单语词典那样对英语词目释义。因为马礼逊面向的是西方词典用户,虽然词典形式为"英华",实际上很大程度上是一本为外国人学习汉语而编纂的"华英"字典,条目中的英语部分实际是对汉语字词的翻译和解释,如马礼逊《英汉词典》中的 BATH 条目:

> **BATH.** The Chinese always bathe in vessels or in rivers; the vessels they call 洗凉盆. se leang pen. Bath, or bathing room, 浴室 yùh shĭh.

BATH 条目给出中文对应词"洗凉盆"和"浴室",还用英语介绍了中国人洗浴的两种方式:用"洗凉盆"洗或在河中洗(The Chinese always bathe in vessels or in rivers)。其中的两个汉语词"洗凉盆"和"浴室"分别标注了汉字读音。这说明马礼逊的《英汉词典》目的是利用英语向学习者传授中国语言文化知识,而非解释英语词义。

1.2.2 《华英字典》译义元语言作为研究对象

本研究以《华英字典》译义元语言作为研究对象主要基于以下三点考虑:

第一,马礼逊具有汉语非母语学习者和词典编纂者的双重身份。

马礼逊 1782 年出生于英国诺森伯兰郡一个虔诚的基督教家庭,早年就深受基督教文化的影响。1802 年马礼逊进入霍顿神学院学习,1804 年加入伦敦传教会,被指定去中国传教。当时整个英国只有一个人,即乔治·托马斯·斯当东爵士通晓汉语,但他当时并不住在英国。为了去中国传教,马礼逊去伦敦集中学习了一段时间医学、天文学和数学等专门知识,并跟一个叫容三德的中国人学习汉语。两人在大英博物馆抄写中文《圣经》,还抄写了从伦敦皇家学会借来的罗马天主教士手稿《拉丁汉语字典》。

学习中文,编纂汉语词典进而将《圣经》翻译为汉语,这是伦敦传教会对马礼逊的指示。1807 年 1 月,在马礼逊动身去中国前,伦敦传教会给他一份《工作指示》,其中提出:"我们盼望你在完成掌握汉语的大目标之前,不会出现反对你住在广州的任何举动;达成目标后,你要尽快将这项成就转变成对于全世界有益的事——也许你将有幸编纂一部比以前任何一部都更全面、更正确的汉语词典;更为有幸地将《圣经》翻译成世界上 1/3 民众所讲的中文。"(Morrison 1839:96)由于英国东印度公司拒绝搭载传教士去中国,并对新教传教士怀有敌意,1807 年 1 月 31 日马礼逊取道美国,乘坐"三叉戟号"从纽约出发,同年 9 月 7 日到达广州,成为基督教新教来华第一人。

马礼逊来华后首要之事仍是继续学习汉语,但当时的形势非常不利于其汉语学习。他在广州的汉语学习面临三个主要困难:首先,聘请汉语教师极难。"礼仪之争"后的禁教还在继续,清政府严禁中国人教外国人学汉语,马礼逊只能偷偷聘请中国人教其学习汉语。其次,购买中国书籍困难。当时的清政府严厉禁止外国人购买中文书籍,马礼逊只能雇佣中国人私下购买。其三,清政府严禁外国人尤其非商人居留广州。英国东印度公司害怕传教士会破坏贸易因而敌视在广州的马礼逊,所以起初他只能冒充美国人在广州美国商馆隐居。同时,作为新教传教士的马礼逊还遭到罗马天主教会的仇视。尽管处境恶劣,马礼逊仍一边坚持苦学中文,一边为编纂汉语词典和翻译《圣经》做准备。他在给朋友的信中称:"只有精通汉语之后,我才能尝试翻译《圣经》。为了《圣经》的翻译,也为了给我生前或者死后的后继者清除障碍,我担负了编纂汉语词典的工作。"(Morrison 1839: 117)

1809 年 2 月,马礼逊接受英国东印度公司广州商馆的任职,成为中文翻译员及秘书。他在给伦敦会理事会的信中陈述了接受聘用的理由:"这一职务为我居留当地提供了保障;有助于继续提高我的汉语水平,我的意思是这一切都是为了达到这个目标……我在翻译公文的同时,可以编纂词典。"(Morrison 1839: 269-270)

马礼逊在中国除了英国东印度公司的工作之外,一直从事"以文字播道"的传教活动,除《华英字典》外,还编写出版了《通用汉言之法》(*A Grammar of the Chinese Language*, Serampore, 1815),这是马礼逊关于中国语言学的第一部著作;《中国大观》(*A View of China*, Macao, 1817)是一部关于中国文化的著作;在中国第一次翻译出版中文版《圣经》全译本;出版《广东省土话字汇》(*Vocabulary of Canton Dialect*,1828),以及其他介绍中国文化的文章及著作。他坚持学好一种语言必须深刻了解一个民族的历史、文化、政治、法律、风俗、礼仪宗教等内容的宗旨,使他的每部汉语著作都成为有关中国的“资料信息库”,西方也借此加深了对中国文化的了解。(谭树林 2004: 96)

第二,《华英字典》在汉英词典编纂史上具有开创地位。

汉外词典的编纂从 16 世纪传教士自编的汉外词汇对照表开始萌芽,从手稿形式发展到出版形式,马礼逊的词典是一个转折点。马礼逊的《华英字典》是世界上最早的汉英双语学习词典,在我国汉语学习词典编纂史上具有不容忽视的独特地位。“我希望这部字典会给以后来华的传教士提供重要的帮助。”(Morrison 1839: 270)这部词典成为马礼逊之后来华的西方人,尤其是传教士学习中文必备的工具书。

“马礼逊认为,学好一种民族语言必须了解这个民族的历史文化背景。因此,一部有关外国语的字典,应该包含与这个国家有关的历史、地理、宗教、文化、哲学、政治、风俗、礼仪等方面的内容。当一个字在字典中出现时,就要介绍与这个字相关的那个地区的风俗和观点。”(转引自谭树林 2004: 64-65)因为“一个人如果对一个国家的历史、地理、政治、宗教习惯以及当地的风俗和观点不甚了解,相应地,他很难理解那个国家的语言。同时,在应用那个国家的文字和语法时,就会出现错误”。(同上: 90)正是持有这样的文化观,马礼逊编纂的《华英字典》具有涵括中国文化知识的百科辞典性质。

《华英字典》开启了 19 世纪传教士及其他西方学者编纂类似辞书的风气。19 世纪至 20 世纪初以传教士为主体编纂的各种汉外双语词典大量出版,来华新教传教士编纂的词典大都受到《华英字典》的影响,如卫三畏(W. Williams)的《英华韵府历阶》(1844)、麦都思(W. H. Medhurst)的 *English and Chinese Dictionary*(1847—1848)、罗存德(W. Lobscheid)的《英华字典》(1866—1869)、卢公明(J. Doolittle)的《华英萃林韵府》(1872)、卫三畏的《汉英韵府》(1874)等。

当前外国人汉语学习的环境与 19 世纪初有天壤之别,中国文化的传播主体也发生了变化,由最初的闭关自守,只能通过传教士的被动传播转向了中国文化主动走出去向世界推广和传播。但以马礼逊为代表的 19 世纪来华传教士重视词典文化功能,借助双语词典编纂实践帮助学习者了解中国语言文化的种种努力,对当今中国文化国际传播背景下的外向型汉语学习词典编纂仍极具借鉴价值。

第二,《华英字典》对于从译义元语言出发进行文化研究是极为合适的词典样本。

《华英字典》是介于双语词典和双解词典之间的一种具百科文化性质的双语学习词典。它不算纯粹的双语词典,不完全是通过翻译对等词将两种语言联系起来,有时英语的描述是对例证中涉及的某个知识的介绍,与所在词目的关系并不是特别紧密;同时,《华英字典》也不是通常意义上的双解词典,它并不以某一部汉语单语词典为蓝本进行翻译,而是在多部词典蓝本及马礼逊自己收集的其他语料基础上研编而成,有的词句除了有对应的翻译外,还用英语进行大段的解释或评述,或进行中西方语言文化的对比,大段的述评或对比文字并不一定出现在相关词条下。比如在《华英字典》中出现的频率很高的“天”是中华民族的一个核心概念,承载着众多中华文化内涵,既有自然性含义,又有宗教性含义,在《华英字典》的第一部分《字典》中,“天”及其复合词出现接近 500 次,在第二部分《五车韵府》中出现接近 250 次,在第三部分《英汉词典》中出现 400 多次。要对《华英字典》中的“天”有系统性认识,如果仅局限于“天”字词条,所得的信息是非常零散和有限的,只有将这些分散在整个三部分词典中关于“天”的描述和阐释收集起来进行系统性分析,才能对马礼逊关于中国“天”的认知有完整的认识。而要将所有相关内容收集起来,最为方便的方法是以《华英字典》中用来描述和阐释“天”最多的英语词 Heaven(heaven)作为索引词,可以检索到三部分词典中大部分散落于其他词条中与“天”相关的信息,进而对这些信息进行系统性综合性考察。索引词 Heaven 就是本研究所指的译义元语言。《华英字典》两部汉英词典中附有英语索引词及在词典正文中对应的汉语,但仅有部分索引词及部分页码,本研究将利用语料库软件提取所有的英语词语。

1.3 研究目标

本书从《华英字典》译义元语言系统入手来考察马礼逊在词典中对中国文化的构建和呈现特点，旨在进一步拓展双语词典元语言理论，探讨双语词典文化研究的新路径，并思考《华英字典》对我国外向型双语词典研编的现实意义。研究目标具体有如下三点：

第一，进一步拓展词典元语言理论

本研究将词典元语言研究的范围从单语词典拓展至双语词典。目前的词典元语言理论研究偏重单语词典的释义元语言研究，且以元语言基本词汇的提取和研究为主，鲜有针对双语词典，特别是汉外词典全部译义元语言开展的理论与应用系统研究。双语词典的元语言是译义元语言，具有区别于释义元语言的独特性，是实现双语词典功能的主要手段。本研究将讨论双语词典译义元语言的特点和功能，旨在对词典元语言理论研究进行补充和拓展，从而推动完整的词典元语言研究体系的构建，同时也为双语词典学理论研究提供新的研究视角。

第二，探索双语词典文化研究的译义元语言路径

本研究基于文化人类学视角，将文化视为人类的生存方式。以往的双语词典文化研究，在研究内容上，主要集中于对文化特色词表征特点的零散考察，很少对词典中文化呈现的整体特征展开研究，更未对词典编者如何认知并呈现原语文化中人的生存方式加以系统考察。词典元语言是描述和阐释原语的工具语言，原语文化就是通过译义元语言来构建的，元语言系统体现了编者对原语人类群体生存方式的认知和呈现特点，强调对人的关注，而不是局限于个别文化现象。

研究方法上，从译义元语言出发，以整部词典的译义元语言系统为研究语料，基于人类中心的分类原则，对译义元语言词汇进行语义分类，并探讨在语言文化场框架中系统考察译义元语言对于原语语言文化系统构建的方法论价值，突破了以往词典文化研究中从原语词目出发，对个别文化特色词的单个条目零散研究的局限。

通过分析《华英字典》译义元语言系统的总体分布特征，并以译义文化元词为媒介进行原语关键词个案研究，本研究探讨了译义元语言路径对于双语词典文化研究的优势，希望在双语词典文化研究的内容和方法两方面都能有所创新。

第三，探讨《华英字典》对于外向型词典编纂实践和理论研究的现实意义

《华英字典》是世界上最早的英汉汉英双语词典，本质上也是一部由外国人编纂面向外国汉语学习者的学习词典。马礼逊作为一名汉语学习者和中国文化的他者，是从西方人的视角来认知和呈现中国文化的各个方面的。通过译义元语言系统来分析和展示《华英字典》百科文化词典的特点，对于我国外向型汉外词典编纂和理论研究具有启示作用。当今在全球“汉语热”及中国文化“走出去”的时代大背景下，汉语母语国的中国词典编纂工作者主动承担起外向型汉语词典编纂任务，研究如何系统而高效地利用外向型汉外词典在国际上准确正面地传播中国文化，是汉语和中国文化国际传播的必然要求。在当前外国汉语学习者的特点越来越复杂，学习需求日益增多的形势下，研究马礼逊跨中西方文化视角的词典编纂实践对于提高我国外向型词典编纂水平，更有效地推动汉语和中国文化国际传播具有重要的现实意义。

1.4 本书结构

本书分为八章，第一章绪论，陈述研究背景、研究对象、研究目标，并简介本书的整体结构安排。第二章为文献回顾，首先对三个核心术语：译义、译义元语言和译义文化元词分别界定，然后进行文献综述，包括三个方面的内容：(1)双语词典文化研究述评；(2)词典元语言研究述评；(3)马礼逊《华英字典》文化研究述评。第三章为理论探讨，首先阐述译义元语言的原语文化构建功能，说明从译义元语言入手研究原语文化构建的理论依据，并介绍译义元语言系统的语义分类原则；然后阐述语言文化场框架对于考察译义元语言系统整体特点及译义文化元词对原语文化关键词意义构建的价值。第四章阐述基于 AntConc 语料库软件提取《华英字典》译义元语言词汇并开展译义元语言系统考察的设计思路，具体涉及研究问题、数据收集和数据分析三大内容。第五章基于《华英字典》三部分词典的译义元语言词汇三级语义分布特点，在语言文化场框架中描述《华英字典》译义元语言系统的特征。第六章通过祭祀语言文化场个案来具体展示《华英字典》译义元语言的中国文化构建特点。第七章论述《华英字典》译义元语言系统体现的编用共同主体性及对中国文化构建的影响。第八章是结论部分,总结本研究的主要发现、主要启示、存在的不足以及对后续研究的建议。

第二章 文献综述

本章首先对本书的三个核心术语：译义、译义元语言、译义文化元词进行界定。接下来是文献综述，包含三个方面内容：双语词典文化研究述评、词典元语言研究述评以及马礼逊《华英字典》文化研究述评。

2.1 核心术语界定

2.1.1 译义

译义是双语词典编纂的关键，因而是双语词典学理论的核心问题。本研究中的译义采用魏向清（2005a: 25）的定义：译义是用异质语言对原语词汇单位语义的系统对应释译，是包含除对应词以外的例证、惯用法说明、参见等多种要素的译语语义描述和阐释。

双语词典学文献中，人们常常将双语词典的译义与单语词典的释义混同。魏向清（2005a）对词典释义和译义两个概念进行了区分，指出单语词典的释义和双语词典的译义其核心都在于对词义的阐释，单语词典的释义对应于 lexicographical interpretation，是用同质语言通过定义等手段阐释微观结构中的词汇单位的个体语义，是“解释词义或文义”的过程；双语词典的译义对应于 lexicographical translation，但译义不是对单语词典释义的简单对译，或对每一个词汇单位的孤立的语义描述，而是基于整个原语词汇系统构建、对应于原语词汇释义系统的译语词汇译义系统。

对于同样都是面向外语学习者的单语词典和双语词典，双语词典比单语词典更具有认知上的优势。这是因为单语词典释义所用的语言是学习者的外语,对外语学习者可能构成理解上的障碍,同时释义的对象是个体的词汇单位,忽视了词条之间的语义联系,不能有效地帮助学习者建立起语言文化认知语义网络。而双语词典的译义是基于整个原语词汇系统的,在关注具体词汇单位语义描述的同时,更注重与具体词汇单位的语义密切相关的其他词汇单位或其具体语义项之间的联系,从整体上来把握词汇单位的系统意义,而不是对每一个词汇单位的孤立语义描述,因而对外语学习者来说具有更大的认知优势。

2.1.2 译义元语言

译义元语言是一种元语言,但对于什么是元语言,各家见解不一。《语言学百科词典》(语言学百科词典编委会 1993: 42)的元语言定义是对元语言最广义的理解:

> "纯理语言""符号语言",与"对象语言"相对,指描写和分析某种语言所使用的一种语言或符号集合。用汉语来说明英语,英语是对象语言,汉语是元语言;用英语来说明英语,英语既是对象语言又是元语言。在辞书编纂和语言教学中用于释义的语句称元语言;在语言研究中为描写和分析语言成分特征所用的一套符号和术语,如[+noun]([+名记号])、[+abstract]([+抽象])、[+animate]([+有生命])等,也属元语言。

魏向清(2005a: 164)根据《语言学百科词典》的这一定义,把单语词典中同质的工具语言称为释义元语言,双语词典中异质的工具语言称为译义元语言。她侧重从单语词典和双语词典中元语言语种的区分来指称两种不同的元语言,但并未对译义元语言进一步界定。

有学者从狭义角度将释义元语言定义为一套限量词汇集,如李葆嘉(2002: 143)将释义元语言视为"处于词汇功能层面的用来解释对象语言的基本词项集,其主要功能是用于辞书编纂中的意义阐释。用来指称这一系统的术语有释义词汇、定义词汇等,现定名为'释义元语言系统'"。苏新春(2005:325)将释义元语言界定为"一种语言中对其他的词汇成分进行解词释义时所使用的一套用词用语系统"。安华林(2005:136)将辞书释义元语言界定为“给词目释义时所使用的一套基本词汇集”。狭义视角的释义元语言定义是受其研究目的所决定的,研究者的目的是从词典元语言中获取一套基础的释义词汇,未把整个的词典元语言系统视为研究对象。

本书基于双语词典译义相对于单语词典释义的特殊性,将双语词典译义元语言定义为“双语词典编者在译义过程中描述和阐释原语词汇语义系统,并构建原语文化系统的译语词汇系统”。这一定义强调了译义元语言的系统性,而译义元语言的系统性是由译义的系统性决定的。译义基于整个原语词汇系统,注重具体词汇单位与其他词汇单位之间的联系,而不是对每一个词汇单位孤立的语义描述,因而具有系统性。本定义还凸显了译义元语言构建原语文化的功能,同时强调了编者在译义元语言形成过程中的主体性。

2.1.3 译义文化元词

本书中的译义文化元词是指“编者在双语词典译义过程中用以描述和阐释原语文化关键词的频率高、语域广的译义元语言词汇”。由定义可知,译义文化元词是描述和阐释原语文化关键词的译义元语言,确定译义文化元词的依据是频率和语域。译义文化元词是与原语文化关键词相对的一个概念,要理解译义文化元词,首先需要界定与其相关的文化及文化关键词两个概念。

2.1.3.1 文化

对文化的定义决定了看待文化、传授文化的方式。(Katan 1999: 16)对于双语词典文化研究来说,如何定义文化直接影响到双语词典文化研究的内容和方式。

文化这一概念具有多义性,人们对文化概念的定义已多达数百种,但迄今仍没有形成共识。加拿大学者谢弗概括了10类不同视角的文化定义:(1)哲学的文化定义,“文化是心灵的哲学(或修养)”;(2)艺术的文化定义,“文化是所有艺术的总称”;(3)教育学的文化定义,“文化是习得的行为”;(4)心理学的文化定义,“文化是学习和追求完美”;(5)历史学的文化定义,“文化是过去时代的遗产”;(6)人类学的文化定义,“文化是整个的生活方式”;(7)社会学的文化定义,“文化是一个社会的所有成员共同享有的价值观念、传统和信仰”;(8)生态学的文化定义,“文化是人类同自然环境相互作用的手段”;(9)生物学的文化定义,“文化是不同物种的组织结构和行为规范”;(10)宇宙学的文化定义,“文化一般是指物种,特殊地是指人类观察和感知世界,把自己组织起来,处理自身事务,提高和丰富生活,以及把自己安置在世界上的那种方式”。(转引自闵家胤 1995:64—66)

本书从文化人类学视角来考察马礼逊如何通过译义元语言在《华英字典》中构建中国文化,因而在众多的文化定义中,本书采用了美国文化学家克罗伯(Kroeber)和克拉克洪(Kluckhohn)(1986)的人类文化学定义,“文化是历史上所创造的生存式样系统,既包含显型式样又包含隐型式样;它具有为整个群体共享的倾向,或是在一定时期为群体的特定部分所共享”。这一文化界说在文化学家、社会学家和人类学家中产生了广泛影响,为多数学者所接受,钟敬文认为人类学文化定义“把文化作为人类在社会共同体中的‘生活必需品’来看待,克服了过去一度流行的把文化仅看作是上层社会人物的文化成果而忽视广泛存在的民间世俗文化的偏颇”(转引自刘守华 1992:5)。郭湛(2005: 25)强调了文化与人的关系,“对文化的关注就是对社会的关注,同时也就是对人的关注,这也是文化研究在学术界之所以始终比较热的一个根本性的原因”。他认为:“文化最为突出的特征或最具有根本性的内容是生活方式、行为方式和意识方式,概括说来就是人的活动方式。”(同上:26)

文化是人类的生存方式,学习一种文化,就是了解拥有这种文化的群体的人的生存方式,即生活方式、行为方式和意识方式。本研究从文化人类学视角将双语词典中的文化定义为“双语词典编者通过译义元语言系统表征的特定群体所共享的生存方式”。文化人类学视角的文化定义决定了本书对《华英字典》文化研究的内容及方式,即通过译义元语言系统来考察编者对中国人一定时期内所共享的生存方式认知和呈现的特点。

2.1.3.2 **文化关键词**

本研究采用威尔兹彼卡(Anna Wierzbicka)对文化关键词(cultural keyword)的定义。文化关键词这一概念是她在其专著《通过关键词理解文化》(*Understanding Cultures Through Their Key Words* 1997)中提出的,指在特定文化中经常使用、特别重要且具有文化揭示意义的常用词汇(“frequently used” and “particularly important and revealing in a given culture”)。双语词典中的原语文化关键词是通过译义文化元词来阐释和描述的。

文化特色词是双语词典文化研究中的常见对象，但它与文化关键词并不是等同的概念。相比于文化关键词的高频和揭示文化意义的特性，文化特色词并不一定是某种语言中的常用词，如中国的“小笼包”、印度的“甩饼”等就是文化特色词，但这些都是属于描述物质文化的词语，对于表现特定文化的价值观念和信仰等并无特别大的直接揭示意义。

2.2 双语词典文化研究综述

本节从文化研究的内容和路径两个方面梳理国内外双语词典文化研究情况，旨在发现已有双语词典文化研究的特点和存在的问题。

2.2.1 国外双语词典文化研究

西方词典学家将对等、对应词的选择及文化局限性等议题视为双语词典的基本问题(Hausmann 1986)，这从双语词典的几个典型定义也可以看出，如兹古斯塔(1983: 293)提出，双语词典的目的通常是帮助读者将一种语言翻译为另一种，或者帮助使用者用非本民族语写作，或者两种目的兼而有之。兹古斯塔(1983: 404)进一步指出，双语词典的基本目的是在一种语言的词汇单位与另一种语言的词汇单位之间找出意义相等的对应词。Bergenholtz 等人认为双语词典是“有着两种目标语言且为另一种语言中的每个语词和表达式提供对应词”。(转引自魏向清 2005a: 203)Hartmann 和 James(1998: 14)也认为，双语词典“通过翻译对应词把两种语言中的词汇联系起来”。

将翻译及对应词视为双语词典基本问题的观点也体现在双语词典的文化研究中。Piotrowski(1994: 127)称，“表面上，双语词典处理的是语言形式，而实际上却是文化事实(cultural facts)”。Roberts(2004: 294)指出，“双语词典编纂的困难是将一种语言中的文化词转换到另一种可能没有确切对应词的语言中”。双语词典文化研究的英文文献中，主要内容就是双语词典的文化翻译及文化词的翻译对等问题。Magdalena Podolej 的论文《双语词典中的文化》(“Culture in bilingual dictionaries”)

(2009)在探讨双语词典中的文化之前,专门用一章谈论双语词典的对等与文化特色词词条的对应词问题。

探讨双语词典中文化知识或文化信息的一般表征手段也是文化研究的重要内容。Rodger(2006)针对双语词典文化知识表征中的文化凸显度不对称(asymmetrical cultural prominence)问题,提出采用括注(supporting gloss)和文化框(cultural box)两种处理方法,并提出注释语需要考虑用户的前知识(assumed prior knowledge),文化框由原语者和译语者合作完成,原语文化知识介绍先由原语母语者撰写,再由译语者翻译和编辑。Podolej(2009)也归纳了文化信息的表征手段,指出对于双语词典中带有文化信息的例证、文化框、富有文化意义的习语、文化特色词等,其文化信息表征有显性和隐性两种形式:双语词典中提供了大量的文化信息,有些是以文化框、文化注释等显性直接的形式表征,而更多的则是以隐性的形式表征。

双语词典文化研究者们关注最多的还是文化特色词的翻译对等问题。Ivanishcheva(2013:156)认为,对物质文化特色词(realia)的定义描述需要包含如下文化信息:(1)属性(外观、成分等);(2)估值(estimation);(3)历史性(词语使用的时代);(4)社会功能;(5)用途;(6)普及性;(7)象征意义。她还提出了文化信息呈现需考虑的两个原则,即认知原则和对比原则,根据词典用户的认知程度及两种文化的差异程度来确定呈现的文化内容。认知原则要求编者把母语者确知的或可能知道但非母语者不知道的知识向非母语者阐释,非母语者已知的内容就不必阐释。对比原则是指物质文化特色词的信息要反映民族特色,词典中表现的特色要与另一种语言或文化进行对比。(Ivanishcheva 2013: 158)

双语词典文化研究中,关于文化特色词的词典文本考察主要是通过分析两种语言的文化差异来评价特色词的翻译。如 Moropa 和 Kruger (2000)考察了 19 世纪德国传教士 Kropf 在南非编纂的卡菲尔语-英语词典,作者随机选取了三类文化特色词:亲属词、文化活动、食品及餐具,指出了其中部分文化特色词的误译或部分含义漏译问题,并从传教士编者对南非科萨人文化的熟悉程度、对科萨人的轻视态度及其词典编纂的传教目的几个方面来分析误译产生的原因。Podolej(2009)选择了教育、行政及习俗中的某些文化特色词对五部英语-波兰语或波兰语-英语词典进行文本考察，特色词的选择依据某网站的文化类别归纳。在这类文化特色词研究中，选择的特色词一般是原语文化中独有的描述物质文化的词语，且词语是随机选择的。作者对于选取的文化特色词只考察微观结构中的对应情况，至于有没有文化代表性、在中观结构及宏观结构中如何表征等都未论及。

有研究者指出，文化特色词或文化局限词未必是双语词典文化研究最合适的研究对象。如 Tomaszczyk(1984:289)认为，文化局限词和通用词之间的界限是含糊的，局限性只是程度的问题。他提出，严格定义上的文化局限词应该指那些只在特定言语社区中独有的，表征物体、思想以及其他现象的语词，需要特别重视的是那些并非真正独特的(not really unique)或只是部分文化对应的词在双语词典中的处理，因为这些词往往会引起交际的障碍，而完全独特的词因其独特性在词典中反而相对更容易处理。

有的研究者提倡将双语词典中的文化条目研究与编者因素和用户因素结合起来。Kotze(1999)在《双语词典中的文化翻译》("Translating culture in bilingual dictionaries")一文中提出要重视意义的跨语转换，将词典条目视为文本，建立阐释的文化框架，在文化语境中根据文本性标准来评估翻译的等值问题。他从文本性、意向性、信息性和接受性四个方面分析了双语词典中的文化翻译，认为文本的成功既取决于读者能否识别出文本创作的目的(即意向性的实现)，也取决于信息传递的有效性(即信息性原则)以及目标用户是否能按编者的意图阐释文本(即可接受性)。他提出，词典编纂中需要严格遵循意向性原则，因为该原则与信息性表征程度及可接受性直接相关，意向性、信息性及可接受性是词典能否取得成功的决定因素。作者还谈及了总观结构中编者对编纂目的的陈述、跨语言和文化问题的说明，以及宏观结构中词目选择等问题。(Kotze 1999: 95-96) 虽然 Kotze 的研究仍局限于微观条目，但这种视文本与编用主体为一个整体，既考察客体文本表现，又考察主体因素的做法对本研究很有启发意义。

2.2.2 国内双语词典文化研究

国内关于双语词典文化研究的文献大致可归纳为五个方面：论述双语词典引入文化信息的必要性及处理原则、文化信息表征的途径探讨、双语词典中的文化对比、文化特色词的处理策略以及文化研究层面。

（1）引入文化信息的必要性。研究者们从文化对于外语学习的重要性、跨文化交际能力的培养等方面论述了双语词典中提供文化信息的必要性及文化信息处理的一般原则，讨论了词典和文化之间的关系以及文化对词典的影响。（江桂英 1995；吴建平 1996；李明 1998；黄建华、陈楚祥 2001；赵雪琴 2004；林明金、林大津 2007；李洁 2011；伍萍 2012；等等）

（2）文化信息表征途径的探讨。对于具体词典中文化信息表征的研究，研究者多从宏观的收词、附录，微观的释义、例证、插图，以及中观结构的参见系统几个层面来讨论，如吴建平（1996）、何家宁（2001）、周相利、程瑾（2002）、陈宏薇（2005）、林明金、林大津（2007）等。也有研究者侧重探讨文化信息表征的某个具体途径。如林大津（1996）针对跨文化交际发展的需要，提出了给英汉词典增加"文化注释"的必要性，并讨论了"文化注释"的位置及排序等问题。颜宝琴（2012）探讨了双语词典中设立文化注释栏目的问题，马建奎（2010）及蒲玉琳、陈丛梅（2012）等对双语词典利用例证及释义括注表征文化信息进行了探讨。

（3）双语词典中的文化对比。吴建平（1996），许威汉、徐时仪（1998），陶原珂（2004）等对双语词典文化差异问题进行了探讨。吴建平（1996: 150）指出，双语词典涉及两种语言符号系统，双语词典同时也涉及两种民族的文化。他提出，在编纂双语词典时，不仅需要比较和反映两种语言符号系统在语言方面的差异，还需要比较和反映两种语言符号系统在体现各自民族文化方面的差异。许威汉、徐时仪（1998:54）将语言文化差异的比较视为双语词典编纂的灵魂，提出双语词典要正确地阐释词义，就得辨析其不对等方面，不仅要进行词的语义内涵的对比、语义结构的对比、词的组合特点的对比，还要进行两种语言文化差异的对比。陶原珂（2004:104）从释义语本身的语义结构关系来分析，区分出语言性的义差释义和文化性的义差释义。他指出，语言性的义差释义与文化性的义差释义在其释义语表意的可应用性方面有明显的不同。"文化义差释义"一般是在解释基本词义的基础上，用描述性的语段把文化义值差附加上去。已有的双语词典文化差异研究关注的是通过文化对比来揭示差异的手段，对表示差异的元语言本身却鲜有研究。

（4）文化特色词的处理策略。我国的双语词典文化研究中，关于文化特色词的研究是最多的，多数侧重于文化特色词的特点、等值对应手段的讨论及具体处理结果的评价等方面。如李安兴(1999)、黄建华和陈楚祥(2001)、张志强(2002)等对双语词典文化词语的处理原则进行了探讨。黄欣(1997)、李开荣(2002)等分析了英汉词典中文化特色词的释义特征、具体方法和技巧。还有学者对汉英词典中的中华文化局限词释义的特点、翻译方法及存在的问题进行了讨论(如胡开宝 2006、王会杰 2007、王亚军 2008、张静娜 2009、姚喜明 2010 等)。

刘晓梅、梁青(2011)考察了《商务馆学汉语词典》例证所体现的文化传播功能,指出词典共收录文化词 548 个,其中配有文化例证的只有 95 个,约占 18%,只在一定程度上传达了文化信息。所收录的 1 万个词中,非文化词有 9452 个,其中配有文化例证的非文化词只有 308 个,约占 3.3%,表明文化例证主要服务于文化词,很多非文化词例证并未承载任何文化信息。作者建议汉语学习词典的编纂应该注意发挥例证的文化传播功能,尽量选用那些既能进一步明确词义、说明用法,又能够体现一定文化内涵的例证,并在降低例证用词难度、控制句子长度的前提下,使例证所体现的文化类别更加多样化,更有效地传播文化。作者谈论了文化传播的有效性问题,但仅从汉语词目出发考察文化词,并且对于文化词及文化信息的界定过于狭义。事实上一种语言中所有的词语都具有承载文化信息、表达文化的功能,而不仅仅是文化词以及文化例证才能表达文化信息。

(5)**文化研究的层面**。双语词典文化研究大都是从微观层面来考察文化表征问题,但也有研究者如王亚军(2008)提到利用参见系统将同一语义场的词汇联系起来,有助于词典读者的认知语义构建,从而提高文化局限词的释义水平。何家宁(2001:55-57)从词典的宏观结构和微观结构两个方面探讨了如何体现英语在词语、句子和语篇三个层次上所包含的文化信息。他认为要反映语言的文化信息,词典就应该突出反映语言各主要层次(词、句、篇)所包含的文化内涵,不仅包括词语层次,句子和篇章层次所蕴含的文化内容也应包括。他认为一种语言中的词语构成一个大的语义场,为了体现这样一个有联系的语义场,词典可以采用参见的方式,尽可能把有关联的成分连接起来。比如采用复式词目的方式,在主要词目(如 Christmas)下列出主要相关词语(如 Christmas Eve、Christmas day、Christmas tree、Santa Claus) 的同时,还采用相互参见方式说明有关词语之间的联系,甚至可以采用参见的方式把各个语义场连接起来。何家宁关于利用参见、索引等手段将文化信息组块有机联系起来的论述对于本研究非常有启发意义。但他提及的参见手段是在微观结构层面,所指的是显性的参见形式,没有从中观结构层面来讨论,且忽略了将语义相关词链接成网络的隐性形式。本书将要研究的译义元语言是一种能在中观层面起到网络链接作用的网络节点。同时,他讨论的文化内容仅仅限于词汇层面的语义场,没有拓展到语言外的文化因素,来对句段等文化单位进行整体性考察。

有研究者讨论了双语词典中文化注释的语种问题,如何家宁(2001)谈到文化信息注释的语种问题,认为供中国读者使用的英汉词典中的注释采用汉语较为合适,如果版面宽裕,注释不妨采用英汉双解的方式。王亚军(2008)也提出,外向型双语词典中所有的指导语言都应该是目的语,他指出其所调查的大多数汉英词典都以汉语作为语体标签、注释和用法说明的语言,这给外族语读者使用词典带来了很多不便,这些指导语言都应该是英语或者是中英双语。上述研究已触及了元语言问题,但并没有将元语言作为专门研究对象来分析,更没有从元语言表征的宏观和微观特点来进一步分析双语词典的原语文化系统构建问题。

2.2.3 双语词典文化研究述评

我国双语词典文化研究中涉及的词典多为面向中国英语学习者的英汉汉英双语词典,相对来说对外向型汉外学习词典的文化研究要少得多。魏向清(2005b)呼吁外向型汉英词典编纂要重视文化传播功能的定位意识,通过采用适合词典文本特征的有效手段来凸现或强化汉语及其相应的文化信息的传播。

从双语词典文化研究的对象来看,已有研究多为微观层面文化信息表征途径的探讨、文化特色词释义或翻译对等手段的考察,或对编者的误译进行指正。虽然研究并不一定局限于微观结构的对应词,而是将包含文化信息的例证、文化说明和文化注释等视为一个文本,但其实质终究属于对个别词汇微观结构层面上的静态考察,且选择的具体文化词语偏重物质类文化特色词或文化现象,很少对有文化指示意义的文化关键词在整个词典文本中的呈现进行考察。一种语言中几乎所有的词都负载了文化,因而要对词典所呈现的原语文化特征有整体认识,需将所有的词语整个视为研究对象,若只局限于少数文化特色词的考察,只能获得对词典的文化表征特点微观层面的定性认识，只有将所有词汇与文化关键词的研究结合起来，才有可能了解词典文化表征的整体特征。

从双语词典文化研究的路径来看，研究者都是从被阐释的原语文化词目出发，对译语关注的只是其与原语的翻译对等情况，未专门对译义过程中形成的译语系统本身进行系统性考察。对双语词典中的原语文化系统的特点进行系统性定量研究的缺失，其深层原因是未将描述和解释对象语言的元语言与对象语言进行区分。只有将对象语言与元语言分离，并以元语言系统为研究对象，从元语言入手，才能揭示出词典中所呈现的文化特点与局限于微观层面考察时不一样的面目。

2.3 词典元语言研究综述

本部分将对词典元语言的理论和实践研究进行综述，内容包括单语词典释义元语言理论和实践研究的现状及评述，双语词典译义元语言理论和实践研究的现状及评述。

2.3.1 单语词典释义元语言相关研究

单语词典释义元语言研究，在国外主要是对面向外语学习者的单语学习词典基本释义词汇的应用研究，在我国则主要是狭义的限量释义元语言词汇的提取和相关研究。

2.3.1.1 国外单语词典基本释义词研究

国外对元语言在词典中的应用最早可追溯到 20 世纪 30 年代 C.K. Ogden 和 I.A. Richards 的“基础英语”研究。他们为帮助学习者克服交流时的语言障碍，以自然的英语为模本，创立了一套由 850 词构成的基础英语体系。（白丽芳 2006：13）“基础词汇”由于出发点和操作与词典编纂有异曲同工之处，自然而然地被运用于词典的释义。1932 年出版了以这批词语释义的、收词 20000 个的《基础英语词典》（*The Basic Enghish Dictionary*）。尽管该词典没有广为流传，但编纂者利用限量词汇释义的理念却被后人继承下来。Michael West 与 U.G. Endicott 合作编写的《新方法英语词典》（*New Method English Dictionary*）1953 年由朗文公司出版。该词典根据外语学习者的实际需要，用 1779 个释义用词（Longman

Defining Vocabulary）解释 24000 个词条。1978 年《朗文当代英语辞典》（*Longman Dictionary of Contemporary English*）通过英语词汇频率表和教学用语表的研究，选出常用词 2169 个来解释 56000 个词条。其后多次再版，释义用词量保持在 2000 个左右。（安华林 2005: 38–39）

在当代面向非英语母语者的英语单语词典编纂实践中，使用定量词汇释义已成为主导趋势。几大英语学习词典，如《牛津高阶英语学习词典》《朗文当代英语辞典》《柯林斯高阶英语学习词典》等，均用 2000 多个基本词汇释义，成为词典元语言研究应用于词典编纂的代表性成果。

2.3.1.2　我国单语词典释义元语言研究

我国 20 世纪 80 年代开始出现明确以元语言为对象的研究，于岚的《漫谈元语言与翻译》（1988）是较早的一篇，文章探讨了语言的难译或不可译与元语言的关系。但 90 年代之前几乎没有关于词典元语言的研究。直到 20 世纪末 21 世纪初，受国外学习词典定量词汇释义实践的影响和启发，我国学者开始研究适用于汉语词典释义的定量词汇表。国外应用定量词汇释义的学习词典面向的目标用户是二语学习者，确立定量词汇的依据是英语作为外语的教学实践，而我国学者大多是以面向汉语母语者的单语词典《现代汉语词典》为基础提取语料来制定定量词汇表，并没有制定出一套针对汉语非母语者的外向型汉语词典释义元语言基本词汇。我国的释义元语言研究可归纳为以下 4 个方面：（1）释义元语言的提取及相关研究；（2）汉语词典元语言释义模式探讨；（3）汉外释义元语言对比研究；（4）释义元语言与文化研究。

释义元语言词汇的提取及相关研究

汉语语言学界第一份关于汉语释义元语言研究的报告是清华大学张津和黄昌宁 1996 年提交的研究报告：《从单语词典中获取定义原语方法的研究及现代汉语定义原语的获取》。该研究以完整释义的《现代汉语词典》为封闭语料，通过数学模型来计算释义词与被释词之间的语义关系，形成了 3857 个词的释义元语言集，并参照《同义词词林》对释义词作了义类标注及分布调查。（参见苏新春 2005: 18）此后，关于汉语释义元语言的研究，特别是释义元语言词汇提取的研究逐步受到我国研究者的关注。

苏新春的《汉语释义元语言研究》（2005）、安华林的《现代汉语释义基元词研究》（2005）及《汉语释义元语言理论与应用研究》（2009）等都对词典元语言词汇展开了研究。他们采用技术路线和人工分析结合的方法,以《现代汉语词典》为基础词典,将例证、用法说明等排除在外,只从基本释义部分提取词汇,保留提取的词汇中高频、语域分布广的词,淘汰掉大部分中低频元语言词汇,最终获得3000—5000个限量释义词汇单位,在此基础上分析其语义特征并探讨采用限定词汇释义的问题。

苏新春、安华林两位学者在获取了限量词汇后,对这些词汇进行了语义分类,目的都是利用语义关系剔除冗余词汇,优选出最佳词项,获取具有普遍有效性的现代汉语限量释义元语言词汇系统。但两位研究者语义分类的原则和处理方式不同。苏新春以《同义词词林》的语义系统为参照,分析了4324条释义元词中见于《同义词词林》的37800条词项在三级义类中的语义分布情况,并根据频率、语域、义位等筛选掉“同义”“近义”“同类”等可替代词语,从而确定释义元词集的内容。(苏新春2005: 233-291)而安华林则将待选词按名物词、述谓词及标记词的语法功能分类,采取同类系联的办法,建立一个个同类小组,然后逐层抽象,最终把3000多个词项分类,剔除冗余词汇,形成“释义基元词语义层级体系”。(安华林2005:212-214)

两位研究者的语义分布调查对本研究很有启发性,但他们的调查都只是针对较高频的备选释义元语言词汇,目的是确立最终的限量释义元语言词汇系统,未对特定词典中的所有元语言词汇进行语义分类并加以研究。

汉语词典元语言释义模式探讨

词典学领域的释义元语言研究主要集中于限量词汇的提取,也有少量是对释义句法模式的研究。安华林和曲维光(2004)、苏新春(2004, 2005)等分析了汉语词典的元语言释义模式。安华林(2009)对《新华字典》的释义方式进行了全面研究,并与《现代汉语词典》进行比较。翁晓玲(2011)讨论了现代汉语元语言释义模式构建问题。翁晓玲以外向型的《商务馆学汉语词典》为例,提取了学习词典的释义模式元语言,进而归纳对外汉语学习词典的元语言释义模式特征。此外,还有一批针对具体词类,如动词、形容词、名词等的释义模式元语言研究,这类研究的特点是注重考察同类词的元语言释义模式是否一致,如卢骄杰(2006)、张少英(2006)、翁晓玲(2007)、冯文博(2008)、胡云凤(2008)、张丽娟(2008)、安培(2012)、李小敏(2012)等。

元语言释义模式研究属于元语言的元句法研究,侧重于对释义模式特征的研究,其共同点是强调释义元语言的用词规范和结构统一。本研究将侧重对元语言词汇的考察,元句法不是本研究的关注点。

汉外释义元语言对比研究

白丽芳(2006,2011)基于安华林提取的汉语释义词元,以《朗文多功能分类词典》的释义词元为对象,参考《现代汉语词典》(汉英双语版)进行比照后发现,英汉释义词元有 85% 的重合,但两种语言传承的文化背景不一致,各自词语的使用和组合方式存在差别,释义风格和角度也各有特色,并在释义词元上体现出来。王洪明(2011)在莫斯科语义学派元语言释义理论指导下,把简化后的汉语语义元语言同莫斯科语义学派在词汇单位释义中使用的元语言进行对比,目的是验证二者的吻合度,以及是否能用汉语语义元语言分析俄语词汇单位。他研究的结果表明俄汉语义元语言的词汇吻合度达到 86.5%,进而得出结论说基本上可以用汉语语义元语言对比分析俄汉词汇语义单位。

汉英元语言对比及汉俄元语言的对比研究均得出两种语言释义词元具有 85% 以上吻合度的结论,说明双语词典中大部分原语词汇是可以用译义元语言词汇来对应的,这也是可以从译义元语言入手研究原语的理据之一。但已有研究都不是针对同一类性质词典的元语言进行比较,如白丽芳用于对比的汉语元语言基于《现代汉语词典》,而英语元语言基于《朗文多功能分类词典》,两部词典性质不同,前者是面向汉语母语者的普通语文词典,而后者是面向非母语英语学习者的语义型词典。同时,这类比较是验证两种语言的同质性,或语义的共性部分,而没有提及语义的差异,也没有讨论如何在双语词典中处理这种差异。只有对具体双语词典中的元语言使用情况进行文本的考察分析,才有可能对两种语言词汇的共性和差异有更具体深入的认识。

释义元语言与词典文化研究

我国词典元语言研究的主流是限量元语言词汇的提取,目的是获取一套可用于词典释义的通用词汇,并对词典中的释义元语言模式进行研究。截至目前,从元语言入手进行文化研究的很少,主要有王建莉(2007)、李清桓和邹岚(2013)、乔俊杰(2013)等。

王建莉(2007:143-144)从释义元语言角度考察了古代词语训诂中训释部分的文化内涵及特征。她提出释义元语言具有表明文化形态、揭示文化来源、求索文化依据等文化功能，注释者从不同角度、不同层面说明各类文化。元语言的训释兼跨语言世界与文化世界，对文化世界，几乎涉及社会生活的各个方面，也纵跨漫长的整个古代历史发展进程。王建莉所指的释义元语言是广义的，她注重对释义元语言系统的整体特点，特别是文化功能的分析和描述。从严格意义上来说，这篇论文不属于词典释义元语言研究，但她从释义元语言视角对古代词语训诂中文化义的解释与描写进行考察，其研究方法对本研究具有一定的启发意义。

李清桓和邹岚（2013）论及了元语言的文化功能，认为符号元语言和语句元语言亦能承载文化或思想，并对许慎的《说文解字》中有关法律语域词语的元语言进行了考察，提出《说文解字》的元语言系统地、众多地反映了中国古代法律文化，也隐含了许慎释义的倾向，即对一些词的释义倾向注释其法律语域意义，或者从法律文化方面注释词的意义，而不是注释它们的本义与通用意义。两位研究者选定某个特定语域的元语言进行考察，并注意到元语言与词典编者主观倾向的关系，对于本研究也很有启发。

乔俊杰的《说文解字释义元语言研究》（2013）从释义元语言角度对《说文解字》进行文化研究。作者采纳安华林（2005）对释义元语言的狭义界定，提取了《说文解字》中较为高频的释义词基元词表，制成释义词元义类表，构建了古代汉语释义元语言系统，接着对释义元语言承载的文化信息进行分析，如释义元词的构形与汉人的认知思维和心理特点等，并从类范畴视角考察释义元语言的隐喻性、原型和象似性，初步探索汉人的元认知文化。但乔俊杰的研究对象只是《说文解字》中高频的释义元语言基本词表，未对《说文解字》元语言系统的总体特点进行考察。同时，她对提取的元语言基本词汇表进行分类依据的是安华林的名物、述谓、标记词的语法功能分类法。她基于语法功能标准对《说文解字》中的释义元语言词汇分类并分析元语言词汇承载的文化信息，其方法有缺陷，因为同一语义的词汇会因词性的不同而分属不同的类别。

上述研究从不同侧面不同程度地探讨了释义元语言的文化功能，对本书的双语词典文化研究具有一定的启发意义，但既有研究都未将词典的所有元语言词汇作为研究对象，难以从整体上认知词典元语言的文化功能。同时，已有研究对元语言文化功能只是粗浅探讨，没有进一步考察元语言系统有何特点，编者如何呈现对象语言的文化特征等问题。

2.3.1.3　单语词典释义元语言研究述评

目前国外的单语词典释义元语言研究主要是面向外语学习者的单语学习词典中定量基本词汇的应用研究，而我国的释义元语言研究主要是关注如何提取一套限量词汇及用提取的限量词汇释义，重点是对释义模式进行讨论，强调释义元语言的用词规范和结构统一问题，也有少量的研究考察释义元语言所承载的文化信息，但只是基于定量释义元语言，鲜有对整部词典的释义元语言系统及其文化构建功能的研究。

2.3.2　双语词典译义元语言相关研究

目前对词典元语言的研究绝大多数是针对单语词典，仅有少数研究者讨论了面向二语（L2）学习者的单语词典元语言和双语词典元语言的语种问题。有些学者提倡二语学习者使用以二语作为元语言的单语词典，认为这样可以使二语学习者接触更多的二语。但另一些研究者持反对态度，他们认为单语英语词典，如 *COBUILD* 中作为元语言的英语其释义和例证都显得不自然（Piotrowski 1994）。Piotrowski 指出，*COBUILD* 中的英语元语言语义不如其所定义的对象语言丰富和复杂。尽管面向二语学习者的单语词典和双语词典都具有辅助二语学习者的基本功能，但词典用户显然更青睐双语词典。Piotrowski 认为学习者更青睐双语词典的原因很简单，因为双语词典使用了学习者的母语作为元语言，从知识的习得原理来看，学习者是依赖已掌握的知识来学习新知识。母语具有比二语更高的情感值，对于学习者来说，使用母语释义比用二语更能使他们感觉受到平等对待，同时用母语记忆概念化的内容也更为迅速（Piotrowski 1994:81-90）。

虽然研究者们认识到元语言的不同语种对于外语学习者具有不同的作用，但大多数研究者并没有对单语词典和双语词典的元语言分别界定，明确利用元语言概念对双语词典进一步研究的更为少见，目前仅见万江波（2005）及魏向清（2005c）。

万江波的博士论文《双语词典翻译研究》（2005）专辟一章从元语言视角讨论词目释义问题，但她使用了“释义元语言”而不是“译义元语言”来指称双语词典的元语言。她提出，双语词典的释义元语言与词目之间存在着某种对等关系，这种对等关系是借助词典元语言的各种手段来综合体现的。双语词典元语言系统包括基本语义元语言和补充信息元语言。基本语义元语言提供对等语信息；而补充信息元语言则是释义的延伸和完善，进一步提供语法、语体、词源、文化、互见、插图等信息。基本语义元语言与补充信息元语言的有机融合有助于使用者完整准确把握语词的内涵。（万江波 2005: 33）

万江波从元语言角度来研究双语词典的释义或翻译，视角具有一定的创新，但其研究本质上仍属于传统双语词典微观结构层面的条目等值手段讨论，并未对元语言系统展开本体研究，也没有揭示双语词典元语言的特殊性。她认为，"双语词典元语言的特性是对等性，而非解释性，因为双语词典主要提供在目的语中的对应词，而非具体解释信息，也与读者的使用目的不无关系——双语词典的读者往往需要的信息是在目的语中'怎么说'，而不是'是什么'"（万江波 2005: 28）。这一说法显示她对元语言特性及功能的看法存在片面性。双语词典具有辅助认知的功能，元语言本身就是解释和描述对象语言的语言，正如魏向清（2005b）所指出的："词典在人类语言文化认知活动中所起的辅助作用就是通过元语言的定义或阐释功能来实现的。"不论单语词典元语言还是双语词典元语言，解释性都是元语言的内在属性，因而"是什么"之类的具体解释性信息也是双语词典需要提供的内容，只不过提供的具体方式不同，如对应词加注释说明，或者没有对应词而只有解释性说明等，具体情况既取决于两种语言文化的等值情况，同时也受词典用户特点及词典类型等因素的制约。面向二语学习者的解码双语词典或称接受型双语词典侧重词典用户对原语文化的理解，较为详细的描述和解释说明就很有必要；而对于产出型双语词典或编码词典，在另一种语言中"怎么说"的问题相对更为重要。

双语词典的译义与单语词典的释义存在本质区别，释义的对象是个体的词汇单位，不注重词汇单位之间的联系；而译义基于整个原语词汇系统，注重具体语义项之间的联系，从整体上来把握词汇单位的系统意义。万江波将双语词典的元语言称作释义元语言，模糊了双语词典译义的本质，对双语词典元语言的研究也因而局限于具体语义项对译的微观考察。

魏向清（2005c: 163-164）基于单语词典释义和双语词典译义的本质区别明确提出，单语词典的元语言是释义元语言，双语词典的元语言是译义元语言。译义的过程具有系统性，因而译义过程中形成的译义元语言自然也是一个系统。她从具有系统关联性的总观译义结构、宏观译义结构、中观译义结构和微观译义结构几个层面分析了《新时代英汉大词典》(张柏然主编,商务印书馆,2004)译义元语言构建的有关英语词汇的庞大译义系统,指出总观译义结构中的前后件对于词典用户理解具体词汇语义内容有着潜移默化的影响和帮助,因而是广义的双语词典译义元语言系统的必要组成部分;宏观译义结构是根据使用者语义认知的实际需要和使用者的查检便捷需要出发的词目确立和编排方式;中观结构是维系词典宏观结构与微观结构整体性的一个潜在结构形式;微观译义结构是词典编纂工作的核心,是整个宏观结构发挥作用的前提,就好比是整个网络中相互关联的一个个结点,而这些结点本身也是一个个小小的网络系统。

魏向清(2005c)对双语词典译义元语言的研究具有重要的指导意义。首先,她首次明确了双语词典的元语言是译义元语言,而非释义元语言,促使研究者进一步思考双语词典元语言相对于单语词典元语言的特殊性。其次,从广义的词典元语言视角出发,将译义元语言置于系统中,从总观译义结构、宏观译义结构、中观译义结构和微观译义结构进行系统性研究,特别是对中观系统的关注突破了元语言微观结构层面研究的局限。但她的研究偏重于对双语词典译义元语言系统形式结构的考察,尚未从语义角度对双语词典译义元语言系统及其呈现的原语语言文化特征进一步研究,这说明双语词典译义元语言研究仍有很大的空间。

2.3.3 词典元语言研究述评

正如苏新春(2003: 97)所言,在当代,“元语言”已是一个相当热闹的话题,人们愈来愈多地把元语言看成一种语言词汇系统中位于最核心的位置、最富于解释力、能成为其他语言成分的诠释工具的那部分语言。但综观已有的词典元语言研究,研究内容主要集中于对定量的元语言词汇集的提取机制、具体操作方法,以及特定词类的释义模式的措辞统一等问题的探讨,鲜有将广义的词典元语言作为研究对象,对双语词典元语言进行系统研究的更为少见。目前国内的词典元语言研究主要问题在于以下几个方面:

首先,研究的词典从类型上来看,以《现代汉语词典》《新华字典》等面向汉语母语学习者的内向型汉语单语词典为主。正如有研究者提出的,内向型词典元语言研究的必要性不如外向型词典,关注面向非母语者的外向型词典元语言问题具有更大的理论意义和现实价值。如王洪明(2011:27)指出:"当词汇量达到了一定的水平之后,人们对释义元语言的要求就会降低许多。因为这些释义元语言总在我们掌握的知识范围之内。……母语学习者经常不是借助词典,而是借助于上下文语境来推测新词新义。因此,自古至今的词典构建中,释义元语言单位该如何选择并没有引起多大的关注。而且,即便释义元语言的词汇单位是随机选择的,也并不会给我们的日常需要带来多大的困难。"但对面向非母语学习者的外向型词典来说,释义语言是否简明、浅显、易解,对词典的使用就有很大影响。我国的外向型词典编纂实践中存在"编者凭个人语感随机选择释义词汇,元语言意识还很淡漠"的倾向(安华林 2011:101)。目前我国只有极少数研究以外向型词典的元语言为研究对象,如翁晓玲(2011)对外向型单语词典《商务馆学汉语词典》进行了释义模式的研究,但她的研究是对词典形式或结构的考察,没有从内容或意义上对词典进行系统性研究。在国际上汉语热不断升温以及中国文化国际传播的大背景下,当前更为迫切的一个研究方向应是探索外向型词典元语言的特点、功能,以及如何更有效地构建和呈现中国文化系统,使中国文化以词典为桥梁更为有效地进行国际传播。

其次,对双语词典元语言文化功能的研究还远远不够,针对具体词典元语言系统的文化功能研究更少,已有的少量研究也只是以限量的元语言词汇为研究对象,未能从整体上对元语言系统进行考察。

第三,已有的双语词典元语言研究偏重文本性和信息性研究,鲜有编用主体意向性和可接受性研究。词典元语言系统不是天然形成的,而是编者在对原语进行描述和阐释的过程中自觉构建的,必然融入编者的主体性,不同的编者因其词典观、语言观及文化观的不同,通过元语言呈现出的文化也有不同的取向。同时,词典用户的认知需求、认知特点及查检需求等也对词典元语言功能产生影响。因此,词典元语言研究需将词典文本研究与词典主体研究结合起来。

2.4　马礼逊《华英字典》文化研究综述

马礼逊是基督教新教来华传教第一人，他所编纂的《华英字典》是世界上第一部英汉汉英双语词典。国内外多从基督教史、汉学史、印刷史、中西文化交流等领域展开对马礼逊的研究，相比之下，以《华英字典》为研究对象的著述并不是很多。下面首先简要介绍《华英字典》国内外研究概况，接下来从文化交流和对比视角、文化翻译视角对国内《华英字典》研究进行综述，最后从文化研究的角度对《华英字典》的已有研究进行评述。

2.4.1　国外《华英字典》文化研究概况

国外学术界对马礼逊的研究，主要是从基督教史视角对马礼逊相关资料的整理与出版，《华英字典》大多只是作为其在华的一项重要成就提及，如 E. Morrison（1839）、Wylie（1867）、Broomhall（1924）、Su（1996）、Starr（1998）、Ryu（2009）、Daily（2013）等，对词典本身内容涉及不多。对《华英字典》的专题研究有 Kidd（Morrison 1839）、Scrimgeour（2016）等。

Kidd 在《马礼逊的文字工作述评》中，将马礼逊词典编纂的成就排在其圣经翻译、宗教学、文学及语言学等其他文字工作之前，对词典的三部分内容做了详细介绍。他指出，第一部分 3 卷本的《字典》第 1 卷仅包括 40 个汉字部首，但对许多汉字的解释比第 2、3 卷中剩余 174 个部首构成的汉字的解释更详尽。他分析了三个方面的原因，首先是因为部首的重要性不同，第 1 卷中的部首更为重要；其次是马礼逊担心字典篇幅过大；第三是马礼逊受精力所限。Kidd 认为与第 1 卷相比，第 2、3 卷中的汉字大多与中国人的道德、政治、哲学的观点，或者中国人的宗教、迷信、仪式的关系不那么紧密。为了使读者了解马礼逊词典编纂投入的精力与心血，Kidd 详细介绍了第 1 卷中“冠、姓、字、孔、孟、学、官”等汉字下的英文解释。对于《华英字典》第二部分《五车韵府》，他重点评述了序言、附录等总观结构内容。对于第三部分《英汉词典》，Kidd 认为马礼逊令人赞叹地将严格忠实于原文和可理解又地道的英语翻译相结合，但同时他又指出,《英汉词典》的设计不是很完美,将中文著作的段落译成英文这种做法对传达汉语的内容和习惯用语的知识虽然非常有价值,但不像前两部分那样能为英国学生提供用汉语表达思想和感情的现成模式。(Morrison 1839:319-334)Kidd 主要从微观条目的文本方面对《华英字典》传达的中国文化内容进行考察,同时注意结合词典序言、附录等总观结构中的文化阐释,比较了三部分词典的不同特点和功能,并对学习者接受的有效性进行了评述。但他对《华英字典》的研究主要是介绍性和举例性的,对词典的文本分析仍局限于文化词目的微观层面,没有扩展至中观结构并对词典呈现的整体文化特点进行归纳分析,也没有对某些关键词在整部词典系统中的情况加以考察。

Xian Wu 和 Liren Zheng(2009: 1-12)对《华英字典》文本考察后指出,《华英字典》呈现了丰富的中国哲学、历史、文学、艺术、习俗等中国文化内容,具有百科词典特点。作者随机列举了"纸、醉、戏、孟子"等展示中国特色的词语,并指出"光、主光、信、典、恩典"等词语体现了马礼逊的基督教立场。

Scrimgeour(2016)提出,马礼逊的双语词典编纂是其置身于两种不同的语言和文化间的跨文化调和行为(intercultural mediation)。作者以"学、孝、信"等条目为例分析《华英字典》的词条释义、说明性例证和文化解释及编者评论的特点,指出文化解释和语境说明便于西方人对中国的语言和文化有更为全面的认识和理解。作者同时也指出,不能忽略马礼逊词典编纂中体现出的传教理念,他的基督教意识形态和信仰在词典中是比较显然的,但其跨文化调和行为、对词典用户交际需求的重视,以及将中国语言和文化带给英语世界受众的努力不容低估。

2.4.2 国内《华英字典》文化研究概况

中国学者从 20 世纪 80 年代,特别是 90 年代以来,才开始逐渐关注《华英字典》。图 2-1 为来自 CNKI 的马礼逊研究资料按年度计量可视化分析图(文献总数:743 篇;检索条件:主题=马礼逊,截至 2017 年)。

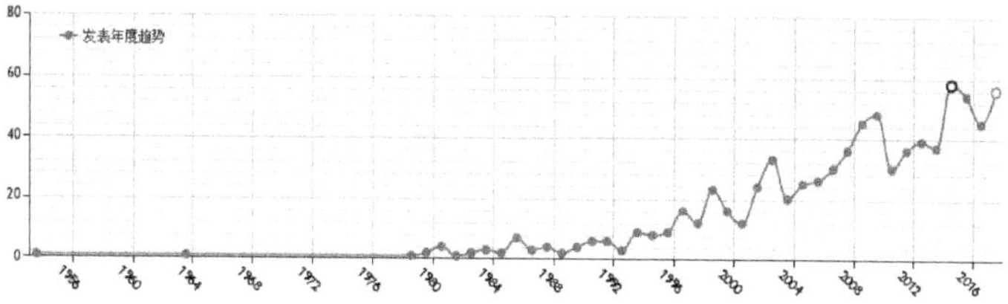

图 2-1　CNKI 马礼逊研究文献年度分布图

图 2-1 显示，以马礼逊为对象的研究从 1964 年的 1 篇，1979 年的 1 篇，到 1980 年的 2 篇，逐渐上升到 2015 年的 58 篇，2016 年的 54 篇，2017 年的 45 篇。

马礼逊相关研究包括基督教史、传教士视角，如吴义雄的《在宗教与世俗之间：基督教新教传教士在华南沿海的早期活动研究》（2000）；中西文化交流视角，如谭树林的《马礼逊与中西文化交流》（2004）、熊月之的《西学东渐与晚清社会》（1994，2011）；传教士的出版印刷视角，如汪家熔的《试析马礼逊〈中国语文词典〉的活字排印》（1996）、叶再生的《马礼逊与〈中国语文字典〉》（2003）等。对《华英字典》的词典本体研究不多。

杨慧玲（2011：83-92）概括了马礼逊词典的当代研究状况，指出主要有 3 个方面的研究内容：（1）马礼逊词典的蓝本研究；（2）对马礼逊个人生平、汉语学习、词典编纂过程及印刷的研究；（3）马礼逊词典与文化的研究。这 3 个方面涵盖了我国马礼逊词典研究的主要内容，其中《华英字典》与文化的研究与本书最为相关，这方面的研究根据是否涉及翻译策略可以分成两类：一类是对《华英字典》中包含的文化信息进行描述，不涉及文化翻译；另一类是从翻译视角来研究《华英字典》中文化信息的处理，下面将分别考察这两类研究。

2.4.2.1　《华英字典》文化信息的描述

研究者对《华英字典》中文化信息的描述较多，如谭树林（2004）、朱凤（2005）、刘羡冰（2011）、钟少华（2011）等。谭树林（2004：65-76）选取例词例证从 5 个方面对其中富含的中国文化进行了介绍，包括：（1）对中国各派宗教哲学及神话传说的介绍；（2）对中国礼仪和风俗习惯的介绍；（3）对著名历史人物的介绍；（4）对中国学校教育及科举制度的评介；（5）对中国天文学、音乐戏剧的介绍。谭树林对《华英字典》中国文化内容的考察，是从词典的汉字字头出发，选取该字头所在条目下的相关中国文化内容进行摘录介绍，从研究方法上来看，属于从原语词目出发的描述性和列举性研究。

朱凤(2005:3-7)统计了《华英字典》中的成语和谚语，并与《辞源》及《汉语大字典》中相关词语的收录及出典情况进行了比较。与《辞源》对比发现，《辞源》收录的成语基本都出自四书五经和其他正统书籍，而《华英字典》除个别出自《论语》之类的正统经典著作外，几乎全都源自小说和戏曲，收录的范围比《辞源》更丰富、更广泛。作者对整部词典的成语和谚语进行了统计分析，但也只是从汉语出发列举条目，未进一步考察词典中成语及谚语的具体内容及其元语言阐释的情况。

刘羡冰(2011:341-345)重点研究了《华英字典》的第三部分《英汉词典》，指出该词典重视介绍中国文化，表现了5大特色：(1)重视介绍汉语知识及其表达方式；(2)着意介绍中国文化；(3)地方色彩丰富鲜明；(4)学术态度理性开明，重视有关宗教用语，对其他宗教敏感也是词典的鲜明特色；(5)词典有意无意间成了清末粤方言的载体。刘文着眼于语言和文化的考察，对词典中呈现的文化事实进行了列举性描述。

钟少华(2011:28-42)选择了中国传统习俗的部分条目作为切入点来考察马礼逊对中国文化的解读。对所列举条目的英语解释全部译成汉语并进行描述后，他感叹传统儒家对生活中的传统习俗关注不算充分，观察与描述多是粗略的，而西方来华传教士除了粗浅的猎奇之外，其实普遍是一种文化的观察与体验，并企图用西方文化人类学的方法加以搜集整理。钟文从文化人类学视角选取反映中国人传统习俗和生活方式的系列词语进行考察，但仍是从条目入手的举例性研究。

以上对《华英字典》的文化研究大都是对文化特色条目的实例进行描述性介绍，提及中西文化差异之处不多。也有研究者从文化对比的角度将马礼逊的词典编写视为其展开与中国文化对话的一种表现，如卓新平(2011:102-115)指出，马礼逊有强烈的文化比较意识，其释义详尽、全面，触及了中国文化的诸多内容，因此已远远超出解释文字本义的字典范围。

钟少华(2006)对《华英字典》与《康熙字典》进行了文化比较，指出两部字典最大的文化差别就在条目内容上。他选择“一、天、法、理、性、的、洋”7个条目对两部字典相应的条目内容进行考察，揭示了《华英字典》的跨文化性，指出“马礼逊利用了《康熙字典》的框架内容，从不同的使用角度去编辑，既帮助懂英文的人去学习使用中文和中国文化，也帮助懂中文的人去学习使用英文，构建成一本全新的双向通用的《字典》”（钟少华 2006：70）。马礼逊在原来只供中国人使用的《康熙字典》中融合和对应了西方的概念，使得《华英字典》中呈现的文化系统融合了两种文化的特点，具有了跨文化性，而跨文化性或双重文化性正是译义元语言的一个重要特点。

《华英字典》被称作中西文化交流的百科全书，词典编纂的过程，正是马礼逊深入、系统、认真地进行中西文化对话的过程。研究者们选取一些有代表性的文化字条进行介绍，但仍局限于微观层面的举例描述，未对《华英字典》所呈现的中国文化特征进行系统性描述。

2.4.2.2　翻译视角的《华英字典》文化研究

翻译视角的《华英字典》文化研究主要是考察马礼逊对中国文化信息的翻译特点，并揭示马礼逊的中国文化观。Che Wai Lam（2000）从文化翻译的角度考察马礼逊的中国文化观，并分析了影响其文化翻译策略的制约因素，提出马礼逊词典采用的是文化导向的编纂法（Culture-Oriented Approach），他的词典中不仅有字头的对应词和一些例释，还提供了关于中国的哲学思想、共同的价值观、民间故事、法律、社会制度等中国文化信息。作者没有局限于文本的考察，还分析了文本背后的编者主体因素对文化信息呈现特点的影响，认为有三个因素决定了马礼逊词典中文化信息的选择及翻译策略，即马礼逊的新教传教事业、他的中西跨文化交际观，以及东印度公司的赞助人影响。（Che 2000：ii）。

杨慧玲（2012）以“卦、娲、龙、天”四个文化词为例，分别考察了马礼逊、卫三畏、翟理斯的汉英词典条目中如何再现蕴含的中国文化意义。她的研究发现，对于生僻字的译义，三部词典都非常依赖《康熙字典》的释义，采用了将其译入英语的做法。而对于常用字的译义，这些汉英词典与中国单语辞书的差异最为显著，西方编者从自身的语言知识和观念出发，对汉语单语辞书中的义项进行选择，重新整合归类，译义和文化阐释时能从中西语言文化对比的视角看待汉语语言和文化现象。（杨慧玲 2012：297）但杨慧玲的考察局限于字头的微观条目译义研究，没有考察选取的文化词在整部词典中的译义情况。

陈铎（2013）以《华英字典》第三部《英汉字典》为研究对象，从英汉翻译角度出发，考察了马礼逊英汉翻译的特点，包括译文使用的语言基础、词类方面的特征、对虚词的解释，以及归化翻译和过度翻译，指出马礼逊中西并包、寻找中西文化之间的相似性，并以中国文化为主导的文化观。

以上几个研究都选取了《华英字典》部分文化词条目进行分析，但选取的条目在语义上互不相关，难以揭示马礼逊对中国文化某一类别或整体的认知和呈现特点。也有研究者着眼于某一类词语，对《华英字典》的文化翻译进行专题性考察，如屈文生（2010：82-96）对《五车韵府》的早期中文法律词语进行分类，并考察了各类法律词语的英译特点，发现马礼逊在翻译中文法律词语时采用了不同的翻译策略。

张西平（2011：335-336）考察了《华英字典》中基督教词汇的中文翻译特点，讨论了马礼逊使用中国本土概念来指代和阐释基督教思想时面临的问题，指出马礼逊在如何确定基督教词汇汉译上所面临的问题不仅仅是一个语言学的问题，实际上是他面临的文化巨大差异问题。

张冕（2012）对《华英字典》中收录的佛教、道教、基督教、伊斯兰教四大宗教词汇进行了穷尽式量化提取，对《华英字典》收词及释义的特点加以分析，并与《葡汉词典》进行对比，剖析其中所反映的中西文化的交融与碰撞及马礼逊的宗教文化观。

余静斐（2012）从《华英字典》中辑录中文医学词语，结合中医理论分类考察分析马礼逊对中医术语的英译情况，揭示英译中体现的马礼逊医学观。尹延安（2016）也考察了《华英字典》的中医词汇英译策略，总结出直译、音译、意译和阐释性翻译等翻译方式，指出中医语汇的英译反映了马礼逊的中医观和中西医比较意识。

李金艳（2017）考察了《论语》中的儒学术语“仁、君子、礼”在《华英字典》第一部分《字典》中的译介情况，从词典学视角着重分析其在微观结构信息中的呈现，并与《ABC 汉英大词典》(德·范克主编，汉语大词典出版社 2003 版)和《汉英大词典》(吴光华主编，上海交通大学出版社 2010 版)进行对比，指出马礼逊基于儒学核心术语词目，充分利用释义、例证和说明性/解释性/评论性释文传递了儒家的核心价值观。

还有研究者对《华英字典》中特定的例句翻译进行了研究。如郑中求（2013：159-160）对马礼逊《华英字典》中《诗经》的英译进行了统计，发现字典中涉及《诗经》的翻译有 250 余条，主要出现在《字典》第 1 卷中,并指出《诗经》的翻译在《华英字典》中起着两种作用:一是解释词句,二是介绍背景。王雪娇(2013:312-322)对《华英字典》第三部分《英汉词典》中的《红楼梦》例句进行了统计、还原、分析、比照,指出马礼逊在翻译策略方面遵循"逐字翻译"倾向的直译,他能够从东西方文化中选择相应的词汇,尽量呈现最为贴近的语境,缩小英译文与原文之间的差距。

以上对《华英字典》的翻译视角专题性研究中,研究者对整部词典中某一专题词语的翻译进行穷尽性考察,并在文本考察的基础上分析和归纳编者马礼逊的中国文化观。

2.4.3 《华英字典》文化研究述评

关于马礼逊《华英字典》的文化研究,研究内容上,既有微观层面上单个文化词语的研究,也有从翻译角度针对某一义类如法律词汇、宗教词汇翻译策略的专题研究。研究者们通过对《华英字典》某些或某类词汇的描述来揭示马礼逊的中国文化观及其跨文化交流的努力,有些研究者如钟少华,从文化人类学视角考察马礼逊对中国风俗类词语的描述,关注字典中对中国人生活方式的呈现。这些研究对于本书的研究都很有启发意义,但已有研究还存在如下问题:

1.从研究内容来看,目前还没有针对《华英字典》文化构建整体特点的系统研究。已有的研究基本是以微观结构层面的文化特色词研究为主,忽略了所研究的词语与其他词语的语义关联。因为"所有的词都负载了文化"(Zhao & Huang 2004),对词典的文化特点需要进行整体性考察;"自然词汇及其语义具有系统性",对词汇研究需要超越微观的层面,将研究置于包括中观结构和宏观结构的大的语言文化框架中。

2.从选取的词汇来看,已有的文化词研究中所选取的词汇大都缺乏文化代表性,忽略对特定文化中关键词的研究。关键词研究法可以保证个别与一般、局部与整体之间的联系,在互文-对话框架下由点而线、由线而面、由面而体,这样既可以做到深入细致,又保证了系统研究的总体性和一般性。(彭文钊 2002)在对词典的文化特点进行整体性考察的基础上,结合关键词语义系统研究,可以对《华英字典》作为百科性文化词典的性质有更全面深入的认识。

3.从研究路径来看,已有研究基本都是从作为词目的中国文化特色词汇入手。《华英字典》是一部介于通常的双语词典和双解词典之间的杂合性词典,其中对中国文化的描述有些是汉英双语对照形式,也有多处只有大段的英语阐释或评论,没有相应的汉语。《华英字典》中的高频和较高频词语,除了在以该字作为字头的条目下有多种手段的详细阐释外,在整部词典其他条目的文本中也多处出现,有时甚至出现在关系不大的条目中。仅从汉语词汇出发的单个条目考察,只能得到微观和局部的认识,难以揭示所研究词汇与其语义相关词汇的语义网络关系。

4.从编纂主体因素来看,仅有少数对《华英字典》的文化研究关注了马礼逊的编纂主体因素对词典译义的影响,但未将文本分析与主体性分析有机结合起来,而且不太关注编者和词典用户主体关系在词典文本中的体现。

2.5 本章小结

通过以上对已有的双语词典文化研究、词典元语言的理论和实践研究,以及马礼逊《华英字典》文化研究的文献综述,发现已有研究主要存在以下不足:

1.已有的双语词典文化研究中,对文化的定义往往是狭义的,偏重于对文化特色词的译义及翻译准确性评价的微观性研究,忽视了词典编者对于原语文化中人的生存方式的关注。从文化人类学的角度来看,文化是人类的生存方式,所有的词汇都是为表现文化服务的。

2.目前的词典元语言研究对元语言的定义大多是狭义的,只关注元语言中的高频部分,而忽视占元语言绝大多数的中低频词汇,且以单语词典释义元语言研究为主,偏重于定量元语言词汇的提取研究,很少将双语词典的译义元语言作为研究对象,更缺乏对译义元语言的整体性研究。

3.目前关于《华英字典》的研究都没有将该词典的全部元语言作为研究对象,对其作为文化词典的特点只是进行一些列举性的描述,没有从元语言入手对其文化特征和功能进行研究,也未对《华英字典》三部分词典各自的文化特征加以比较和分析,更鲜有从词典编纂主体的角度结合对词典的文本分析来揭示西方文化背景中的编者主体和用户主体的特点。

已有研究的不足或局限为本研究带来了进一步研究的空间，本书明晰了以下值得深入研究的内容：

1.元语言理论作为一种方法论原则，有着重要的实践意义，可以利用元语言来解决其他相关问题。双语词典译义元语言的文化功能是译义元语言的重要功能，可从译义元语言入手考察编者如何在双语词典中重构原语文化。将译义元语言系统作为研究对象，对编者通过元语言构建的文化系统的特征进行系统性考察，宏观与微观结合，可避免单纯的微观层面文化词考察造成的零散性。

2.马礼逊《华英字典》既是文化词典，也是综合性汉英英汉双语（双解）学习词典。从译义元语言入手，可对马礼逊三部分词典的文化系统构建形成整体性认知。同时，选择中国文化关键词作为个案考察对象，考察中国文化关键词及其对应的译义文化元词在语义网络中的情况，一方面可以更好地认知马礼逊如何通过元语言系统的构建来表征中国文化，另一方面也可以通过对马礼逊词典编纂实践的成功及不足之处进行客观评价，探讨《华英字典》对我国当代外向型汉外学习词典编纂和理论研究的借鉴价值和应吸取的教训。

3.词典编纂实践活动中既包括词典客体，也包括词典编纂主体。通过译义元语言来认识《华英字典》的中国文化构建特点，既需要研究词典客体，也需要考察包括编者主体和用户主体的编纂主体，这样才能更为全面地认知主体因素对词典文化构建的影响特点，在今后的外向型汉外词典编纂中发挥编纂主体的正向作用，并探索利用适切的元语言手段在词典中构建精当且易为词典用户接受的中国文化系统，从而更为有效地传播中国文化。

第三章　理论探讨

本章从元语言理论和文化学理论视角探讨译义元语言路径对于双语词典文化构建的理据，并确立以语言文化场作为译义元语言原语文化构建功能的分析框架。本章主要内容包括：从元语言理论视角阐述双语词典译义元语言的文化构建功能，介绍译义元语言的语言文化场分析框架，最后论述译义元语言路径的方法论意义。

3.1　双语词典译义元语言的文化构建功能

词典文本系统总的来说表现了它作为元语言文本的基本特征。（刘华文 2017:27）词典作为元语言文本表明词典文本的元语言和对象语言的存在。本小节首先介绍词典元语言理论，继而从元语言理论视角阐述双语词典译义元语言的原语文化构建功能。

3.1.1　词典文本的元语言与对象语言

1933 年，为了解决"说谎者悖论"问题，塔尔斯基在《真理的语义学概念和语义学的基础》一文中明确提出要区分对象语言（object language）和元语言（metalanguage）。他认为自然语言是语义上封闭的语言，"语义上封闭"，即自然语言不仅包括各种语言表达式，还包括表达式的名称和指称这种语言语句的语义词项，如"真的"，而对"真的"等语义词项适当使用的语句也存在于这种语言里，所以会产生悖论。为避免语义封闭性的语言造成悖论，他提出：

> 既然我们已经同意不使用语义上封闭的语言,我们就不得不使用两种不同的语言来讨论真理定义问题以及更加广泛地讨论语义学领域的问题。第一种语言是“被谈论”的语言,是整个讨论的题材;第二种语言是用来“谈论”第一种语言的语言,我们希望用它来为第一种语言构造真理定义。我们把第一种语言称为“对象语言”,把第二种语言称为“元语言”。(塔尔斯基 1998: 93)

用语言来谈论语言,并不是在同一层次上谈论的,同一层次上的语言无法谈论自身。塔尔斯基区分对象语言和元语言来避免语言的悖论问题,就是利用了元语言与对象语言处于不同层面、可以谈论对象语言的功能。

“元语言”的英文 metalanguage 的前缀 meta-具有哲学含义:meta-是标志研究层面转变的一种语言哲学,指人们讨论的对象由客体(object)转变为讨论(talk)本身。(刘森林 2001: 6) 封宗信(2005:404)指出,meta-具有 above、beyond 之义,表示语言本身以外的信息。那么 metalanguage 就可以类推为“超语言”或“处于更高状态的语言”。

塔尔斯基在人工语言中区分对象语言和元语言,主要是为了讨论真理定义问题。对于语言学来说,对象语言和元语言的区分使研究者可以更清楚地区分语言应用的不同层次,从而解决一些理论和实践问题。刘华文(2017:95)论及词典的元语言文本特性,“词典文本是用特定的话语对目标语言进行的阐释,属于元语言性文本”。Béjoint (2001: 38) 也对双语词典的两种语言进行了区分,“双语词典使用两种不同的语言:一种是作为描写对象的目标语,一种是作为描写的工具语言”。其中作为描写的工具语言即本书所称的译义元语言,作为描写对象的目标语本书称为原语。以往词典元语言研究的对象大都是单语词典,且偏重对具有“元”性质的最低限量词汇的提取和优化,未能考察词典中如何利用元语言来实现元语言功能或者对广义的元语言全貌进行研究,以双语词典元语言为对象的探讨更少,虽然译义元语言自双语词典产生就开始存在,但研究者并未真正有意识地将译义元语言与对象语言区分开,并以其作为研究对象。

3.1.2　词典元语言的意义阐释

美国哲学家戴维森(Donald Davidson)基于塔尔斯基的元语言为对

象语言构造真理定义的真理语义论,融合"真"和"意义",提出自然语言的意义构建理论,认为对象语言的意义是元语言赋予的。戴维森将元语言对对象语言的意义构建视为翻译,在其"S 意谓 P"的翻译形式中,S 是对象语言语句的名称,P 是元语言语句,S 和 P 两者之间是一种等值或同构关系,元语言语句给出了相应的对象语言语句的意义。戴维森的意义构建相当于一本对象语言和元语言相对应的翻译手册,对应着对象语言和元语言两套语句。(参见 李子荣 2006: 42-43)自然语言意义构建理论揭示了元语言与释义和翻译的天然联系,元语言语句能够赋予对象语言语句以意义,因此元语言具有意义的构建性。

美国符号学家皮尔斯(Charles Sanders Pierce)也提出,意义是"一个符号转入另一个符号网络的可译性(translatability)",被翻译的是对象语言,用来翻译的则为元语言。皮尔斯对于意义的这一观点进一步明确了对象语言的意义不是由对象语言本身所决定,而是通过元语言的翻译构建的。元语言在层次上要高于对象语言,对象语言的意义取决于元语言对对象语言的可译性。(参见 李子荣 2006)

塔尔斯基把"谈论"一种语言的另一种语言称作元语言,雅各布森用术语"代码"转述了塔尔斯基的元语言定义:谈论代码本身的语言叫作元语言。他把自然语言中对这种语言的使用叫作元语言功能。图 3-1 为雅各布森对元语言及元语言功能的图解。(李子荣 2006: 133)

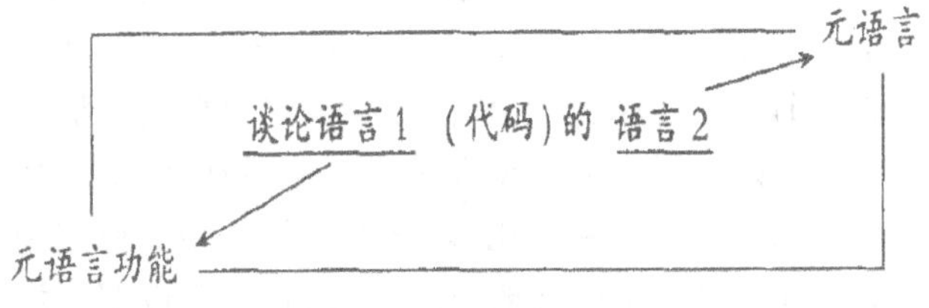

图 3-1 雅各布森对元语言及元语言功能的图解

图中加下画线的内容指明了元语言定义涉及的两个方面:元语言本身和元语言功能。名词"语言 2"是"谈论语言 1"形成的结果,即元语言,侧重的是谈论的结果;"谈论语言 1"是元语言的功能,侧重的是用"语言 2"谈论"语言 1"的行为过程。"谈论语言 1"这一元语言功能,是以对元语言的研究为基础的。元语言即语言 2 不论是构建的还是自然的,依然是一种语言系统,必须研究其体系性、内部一致性等问题,还要研究它跟对象语言即语言 1 的关系。元语言功能是人类言语行为的一种特征,属于人类言语行为研究的组成部分,它并不关心语言 2 是否具有科学特征,只关心这种元语言行为本身、谈论对象语言的方式和由此决定的语言 2 的结构形式。(李子荣 2006: 133)

元语言赋予对象语言以意义,两者形成层次关系,元语言在层次上要高于对象语言,因而成为谈论对象语言的语言,元语言与对象语言的区分就有了方法论的意义。词典文本的特点"就是它具有元语言功能,即对语言自身的阐释功能。词典话语中的这种元语言就是有关'原初'的语言,旨在'描述一种自然状态下的语言(即它的目的语言)'。……编写词典的目的是为了解释其中所罗列的语言单位,词典的阐释话语是被词典学家利用来完成这一元语言功能的"(刘华文 2017: 15)。

词典元语言对对象语言的阐释过程就是赋予目的语言意义的过程。魏向清(2005b: 111)指出,语言学习,不论是母语学习,还是二语学习,实质上都是构建语义网络的过程,而词典是帮助学习者构建语义网络极为重要的工具,构建语义网络的工具语言就是赋予对象语言以意义的元语言。编者通过元语言的释义或译义过程来赋予一个个词语单位以意义,而将词语单位通过语义链接起来的就是元语言。双语词典译义元语言描述和阐释原语,具有构建原语意义的特性,是谈论原语系统的语言,因此在层次上高于原语语言,同时也成为研究原语系统的语言。

3.1.3 双语词典译义元语言的文化构建

"词典首先是语言性工具,同时也是文化产品。词典呈现的不仅是语言,也是文化。语言体现文化,因为词语表达了文化。因此,词典既是语言的档案,实际上也是语言背后文化的体现。"(Roberts 2004: 277)刘华文(2017:27)也阐述了词典与文化的关系,"词典文本系统涵盖着语言所有可能的界域。它可以体现为语言对社会、历史和科学等领域的指涉或对语言自身的指涉,或对整个文化的表述"。王馥芳等(2005:88)明确提出了词典的文化构建功能,"词典的功能远非解惑释疑,还具有极强的文化解构和重构功能,可以起到在文化层面对价值观念潜移默化的移植和构型作用"。词典的元语言功能是通过词典元语言来实现的,词典元语言文本系统阐释文化的过程实际上是元语言赋予对象语言意义的过程，也是元语言构建对象语言文化的过程。

双语词典所描写的文化在一定程度上与词典用户的文化并不相同；或者更直接地说，单语词典处理的只是一种文化内的现象与问题，而双语词典则涉及两种不同文化间的对比与研究。（陈伟 2005:41）词典释义元语言是对一种语言的界定或分析描述，如单语的英语学习词典，面向的是世界上广大的英语学习者，一般不涉及与其他语言文化的对比。相比于单语词典释义元语言，双语词典译义元语言的文化功能更为突出。译义元语言是在双语词典译义过程中形成的，必然或显或隐地体现两种语言文化的对比，所以词义的描述要比单语词典的单纯释义复杂得多。对于双语词典用户而言，他们是通过编者的译义元语言来理解和认知原语的语言和文化的。译义元语言系统担负的不仅是描述和阐释原语语言的功能，更是传播原语文化，甚至是构建原语文化身份的功能。译义元语言的文化功能可借用雅各布森关于元语言功能描述的示意图来表示，如图 3-2：

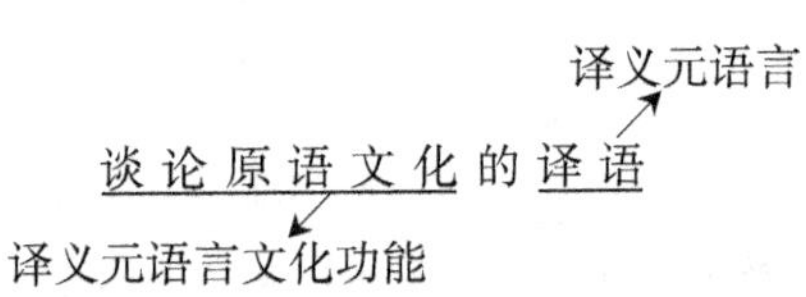

图 3-2　译义元语言文化功能示意图

译义元语言“谈论”原语文化的功能实际上就是译义元语言的文化构建功能，侧重“谈论”的行为过程。研究原语文化是如何被“谈论”的，要以对译义元语言的研究为基础。通过译义元语言来考察原语文化系统的呈现特点，关注的是译义元语言如何“谈论”或构建原语文化的行为过程，并不关心原语是否具有科学特征，而是关心译义元语言构建过程本身、谈论原语的方式和由此决定的译义元语言的结构形式。

双语词典译义元语言是在译义过程中描述和阐释原语的元语言，译义的过程也是赋予原语意义的过程。由于词典的文化产品属性，译义元语言系统是对整个原语文化意义的表达，原语被赋予意义的功能实际上也是译义元语言构建原语文化的功能。译义元语言具有的原语文化构建功能使其处于比原语语言更高的层次，通过译义元语言来考察双语词典原语文化系统呈现或表征的特点就有了合理性。

3.2　双语词典译义元语言的语言文化场分析框架

译义元语言系统是在译义过程中围绕原语的自然语言系统而构建的，“是一个大型的、动态的、开放性的、复合的概念系统（魏向清 2005c：117）”，系统所具有的整体性、层次性和动态性等特性也同样适用于译义元语言系统。对译义元语言系统的研究是考察译义元语言对原语文化构建功能的基础，研究译义元语言的原语文化构建功能，既需要将译义元语言与原语系统分离，专门研究译义元语言的系统性特征，也需要研究它跟原语文化的关系，构建一个能满足这两种需求的分析框架就成为一种必须。目前通过译义元语言来进行原语文化系统研究的很少，主要局限于对微观条目的考察，而忽略了译义元语言对某一语言文化现象在整个词典中的意义表达，其中的一个重要原因是缺乏合适的分析译义元语言系统的框架，这一框架要既能体现译义元语言系统的整体性和层次性特点，又能显示其动态性特点。语言文化场可以作为分析译义元语言系统的一个合适的框架。

语言文化场是俄罗斯语言学家沃罗比约夫的语言文化学理论体系中一种综合性、系统性的分析方法，作为形式与内容的统一体，是由同类语言文化单位按照一定的结构层次搭建起来的一个分析平台。（彭文钊 2002：189）语言文化场注重区分语言文化单位之间的联系和层级关系，将语言意义和语言外的文化现实统一起来，打通了研究单位之间的界限，将字、词、句段等都纳入意义的表达中来，对语言文化现象进行一体化诠释，构成一个完整、开放、动态创生的意义表达系统。（彭文钊 2002：199）因而本研究将语言文化场作为考察译义元语言系统及其所构建的原语文化特点的基本分析框架。

3.2.1　语言文化场与语言文化单位

语言文化场（linguo-cultural fields）指“具有共同不变意义的语言文化单位的集合，旨在揭示某一语言文化领域的共性特征”。这一概念是沃罗比约夫在构建其语言文化学理论体系的过程中提出的。沃罗比约夫语言文化场中最重要的结构语义成分为:场名及其确定的意义;语言文化单位类别;各语言文化单位类别之间的范畴关系;语言文化单位的聚合关系和组合关系。(张新卫 2012: 72)

语言文化单位是构成语言文化场的基本单位,它是符号、意义与其所指文化客体物的类别概念的统一体。词、词组、成语、谚语(俗语)、警句(名言)、段落或整个文本都可以成为语言文化单位。(张新卫 2012:73)沃罗比约夫认为,语言文化单位的结构类型不是某种单一的语言符号,而是一个从词到整个文本的链条。一个语言文化单位主要有以下功能特征:(1)表达场名;(2)拥有一定的结构层次;(3)根据来源性质相互联系与区分。基于上述特征对语言文化单位进行类型化区分就形成了语言文化场。(彭文钊 2002:199)

语言文化场将语言内因素和语言外因素统一在场性分工的系统描写之中,实现了从文化学角度对语言现象进行多层次的理解与解释。语言文化场场性分工就是按场名主题将文本按照分主题及次分主题分层逐级进行类型化划分,直至将一个文本作为标本进行关键词式的分析为止。(吴国华、彭文钊 2003: 7)

"语言文化场"概念脱胎于语义场理论,是语义场理论在文化学方向上的继续发展和具体应用。(张新卫 2012: 70-71)20 世纪 30 年代德国学者 J. Trier 首次提出语义场理论(Theory of Semantic Fields)。所谓语义场,是在能指的层面上,把一群有某一共同语义特征的词汇单位聚合在一块而组成的,它们相互界定语义特征,也与其他义场的边沿成分区别开来。(章宜华 2002)语义场里的词汇有着相同或相似的范畴概念,即有某种相似的语义概念,这些有着某种语义关联的词汇之间构成了一个语义网络。但这些语义网络往往偏重语言内因素,而忽略语言外因素,注重词的单一层次上的聚合性关系,为辨析词义而进行义素分析是其重要目的。而语言文化场从聚合场和组合场两个方面对相应的文化片段进行系统描写。也就是说,语言文化场除了关注词汇概念在聚合体中的存在状态——物与物的联系,还必须分析这些物或现象在组合体中的运用特征。可见,语言文化场将语言内因素与语言外因素统一在场性分工的系统描写之中,实现了从文化学角度对语言现象进行多层次理解与解释。(彭文钊 2002:187)

彭文钊(2002: 187-188)及房晶等(2015:127)讨论了语言文化场与一般的语义场在反映的对象、描写与解释的层次性和最终目标等方面的区别。首先,在表现对象的选择上,语义场只是研究具有一定意义的语言单位,多指词汇单位,而语言文化场着眼于承载民族文化意义的语言文化单位,不满足于对意指单位进行辞典式的描写。其次,在对表现对象的解释上,传统的语义场只是对语言单位进行单一的语义描述,而语言文化场将语言意义和语言外的文化现实统一起来,对语言文化现象进行一体化诠释。第三,语境的意义不同。语义场分析通常不考虑语境因素,而语言文化场不仅可以对比不同语言和文化之间指称的异同,还可在一定的语言共体内通过文本分析揭示和解释该语言共体共同的"理解、思维和话语方式"。第四,分析手段不同。以语言文化场为工具进行的研究,目标不再单纯地为辨析词义而进行义素分析,除了对比不同语言文化之间指称的异同,还可在一定的语言社团内部通过文本分析揭示和解释该语言社团共同的"理解、思维和话语方式"。语义场和语言文化场在组织上虽同构,但异质,前者是含有某个共同义素的义位构成的语义系列,是基于词义和词义之间的共同点或相互之间的某种关系形成的词义类聚,主要用于词汇的语义研究;而后者是具有共同义素并且能反映文化概念的层级系统,是用新的形式展现该国文化和生活方式,并且通过语言与文化的相互作用和发展系统地介绍民族文化。

《牛津高阶英语词典》《朗文当代高级英语辞典》等学习词典通过"词库""搭配""词族""参见""释义""近义词""反义词"等手段,围绕同义关系、反义关系和上下位等关系构建了语义网络。这些语义网络就是通常的语义场。但这些词典的语义场构建只注重词的单一层次上的聚合性关系,偏重语言内因素,而忽略语言外因素或文化因素。语言文化场从聚合场和组合场两个方面对相应的文化片段进行系统描写,除了关注词汇概念在聚合体中的存在状态——物与物的联系,还必须分析这些物或现象在组合体中的运用特征,从而将语言意义和语言外的文化现实统一起来,对语言文化现象进行一体化诠释。

3.2.2 双语词典语言文化场分析框架的构建

双语词典的语言文化场是一种特殊的语言文化场,根据对同类语言文化单位的类型划分以及研究的不同需要,可以各自构成译语和原语两种语言文化场。同时,因译义元语言赋予原语文化以意义,两种语言中表示共同意义的语言文化单位还可以构成双语的语言文化场。下面首先描述译义元语言语言文化场的构成。

3.2.2.1 **《朗文多功能分类词典》的三级语言文化场**

译义元语言语言文化场是由同类语言文化单位构成的聚合体。这一聚合体不是自动形成的,而是在对语言文化单位进行归类与分层后形成的。本书依据《朗文多功能分类词典》(以下简称《朗文分类》)的语义分类原则对译义元语言系统的语言文化单位进行切分。

对文化的关注就是对社会的关注,同时也就是对人的关注(郭湛 2005: 25)。《朗文分类》是一部把当代英语词汇按意义进行分类编排的工具书,依据的是人类文化学视角下的"以人类的社会生活为中心,围绕着社会中的人"的分类原则。《朗文分类》强调人的社会性,以人类的社会生活为中心,围绕着社会中的人来对词进行分类,人与文化具有同构关系,人是文化的主体,因而对文化的认知内容是围绕人的生活来进行的。

《朗文分类》共收 1.5 万个英语词,标注到三级义类,包括 14 个一级义类以及各一级义类下的二级义类和三级义类。《朗文分类》还对每个一级义类下的二级义类和三级义类进行分类,显示出各级义类之内及各级义类之间内在的联系。

以下是《朗文分类》的 14 个一级义类及其二级义类。

A 生命与生物
A1 生命与生物
A30 生物
A50 动物/哺乳动物
A70 鸟类
A90 爬行与两栖
A100 鱼及其他水生动物
A110 昆虫与同类生物
A120 动物各部分
A130 植物种类及各部分
A150 植物(总称)

B 身体及其机能与健康
B1 身体(总称)
B10 人体:总体
B20 头部与脸部
B30 躯干、双臂与双腿
B50 皮肤、肤色与毛发
B60 体液与体内废物
B80 身体状态与相关活动
B110 身体状况
B140 疾病与身体不适
B160 医疗与护理

C 人与家庭

C1 人

C20 求爱、性行为、婚姻

C40 友情与敌意

C50 死亡与埋葬

C70 群体与地域中的社会组织

C90 政府

C110 政治与选举

C130 政治紧张与动乱

C150 社会阶层与境遇

C180 一般法律与秩序用语

C200 法院与法律事务

C220 警察、保安部门、罪行与犯罪

C250 监狱与刑罚

C270 战争、防御与军队

C290 武装部队

C320 宗教与信仰

D 建筑房屋家庭服装财物个人护理

D1 建筑、房屋、建筑物

D20 房屋组成

D50 房屋周围及附近

D60 居住

D80 属于与拥有、得到与给予

D110 家具与室内设备

D130 衣物与个人用品

D170 清洁与个人护理

E 食物、饮料与农业

E1 食物(总称)

E30 食物

E60 饮料

E80 香烟与毒品

E100 食品制作与质量

E120 食品、饮料相关的场所及人

E130 农事

F 感觉、情感、态度与知觉

F1 一般感觉与行为

F20 喜欢与不喜欢

F50 好与坏

F70 快乐与悲伤

F100 愤怒、暴力、压力、镇静、安静

F120 害怕与勇气

F140 钦佩、骄傲、鄙视与辱骂

F170 仁慈与不仁慈

F190 老实、忠诚、诡计与欺骗

F220 轻松、兴奋、兴趣与惊讶

F240 与情感变化有关的面部动作

F260 官能与感觉

G 思想与交际,语言与语法

G1 思考、判断与记忆

G30 知道与学习

G60 说话联络

G140 读写、出版等交际

G190 通讯与信息

G230 语言

G260 语法

G280 一般语法用词

H 物质、材料、物件与设备

H1 物质与材料(总称)

H30 物件总称

H60 特殊物质与材料

H110 设备、机器与仪器

H140 工具

H170 容器

H200 电与电器设备

H230 武器类

I 工艺美术、科学技术、工业与教育

I1 制造东西

I40 艺术与工艺

I70 科学与技术

I100 工业与工作

I130 教育

J 数字、计量、货币与商业

J1 数与量

J30 数学

J60 计量

J80 货币

J100 银行业、财富与投资

J130 商业

J180 购物与一般消费

J210 职业、工作与雇佣

K 娱乐、运动与游戏

K1 娱乐(总称)

K20 音乐及有关的活动

K50 录音、听收音机等

K70 戏剧、剧院与表演业

K100 运动与比赛(总称)

K130 室内游戏与运动

K170 儿童游戏与玩具

K190 户外运动

L 时间与空间

L1 宇宙

L20 光与颜色

L40 天气与温度

L80 地理

L130 时间(总称)

L170 开始与结束

L200 新旧与老少

L220 时间段落与其计量

L250 与时间相关的语法词汇

M 运动、位置、旅行、运输

M1 运动与来去

M50 放与拿,拉与推

M70 旅行与参观

M90 陆上交通工具与运输

M120 地方

M150 船舶

M180 航空器

M200 位置与方向

N 泛指词与抽象词

N1 存在、变成与发生

N30 可能性、机会与必然性

N50 一般的、平常的、不平常的

N80 尺寸、重要性与可得性

N120 做事

N150 导致

N180 相似、不同与变化

N210 正确、公平、目的、用途与力量

N250 满、重、厚、硬与粗糙

N290 行动与位置

N320 切割、连接、打碎与毁坏

N350 显示、隐藏、寻找、救援与类似词

《朗文分类》对词汇的分类是按场名主题将文本分层逐级进行类型化划分的过程,也是语言文化场及子场形成的过程。不同层次的语言单位根据语义内涵划分到各自语义类别中,形成该层级的语言文化场子

场，构成彼此之间相互区别与联系的、不同层次的子场的集合，在每一层级内部又根据需要划分出子场的子场。

《朗文分类》所有语词都被视为与人的社会生活相关的语言文化单位，构成一个分层级的语言文化场，不但包括人类及与人类有关的事物名称，还比较周遍地包括了人类对社会和自然界以及人类主观世界和精神活动的主要概念。所有词汇构成的语言文化场分成14个一级语言文化场，这14个一级语言文化场从各个方面来描述人的生存方式。从主题场名来看，A类语言文化场是客观存在的生命和生物，居于首位，然后是作为物质存在的人体，即B类的功能和保养，在这个前提下才有C人类和家族；D、E两类包括与人的物质生活有关的重要范畴；F、G类包括人类的感情、知觉及心理、精神活动及思想、交际，以及与交际密切相关的语言、语法；H类包括与人类密切相关的物质、客体及人类对客体的施加，即对客观世界的改造以及用以改造世界的设备、工具，人类使用的武器；I、J两类是标志人类文明的工艺、科技、工业及与此相关的教育，与人类社会关系密切的数字度量、钱币与商业；K类是人类在工作、斗争之余作为调节生活的娱乐、运动、游戏；L类中包括宏观的宇宙乃至天文、地理等一些与人类社会生活有关的概念；M类包括广义的运动，运动所需的场所，与社会生活有关的旅行、交通；N类是与人类生活各个领域都有重要关系的一些概括的和抽象的概念。

14个一级语言文化场又划分出若干二级语言文化子场，同一个一级语言文化场的二级语言文化子场内部的语言文化单位具有共同的意义，如C类的部分二级语言文化子场“人”“群体与地域中的社会组织”“政治与选举”“社会阶层与境遇”“宗教与信仰”等。对二级语言文化场再进行三级义类的划分，形成三级语言文化子场。

对语言文化单位进行归类和分层并不意味着语言文化单位之间是一种孤立和割裂的关系。相反，正是由于基本单位之间存在着紧密的作用关系，语言文化场作为一种系统、综合的研究方法才是可能的和有效的。（彭文钊 2002：201）词典的语言文化场不仅体现一个具体词汇单位与其他词汇单位之间语义上的联系，更重要的是体现一个语言文化单位与其他语言文化单位之间在语言文化上的联系。

不同于《朗文分类》的单语语言文化场，双语词典的语言文化场是一种复合语言文化场。译义元语言赋予原语以意义，译语与原语因具有共同的意义而形成双语同现的复合语言文化场。沃罗比约夫认为,语言文化单位的结构类型不是某种单一的语言符号,而是一个从词到整个文本的链条。(彭文钊 2002:199)对于双语词典来说,译义元语言就是双语语言文化场中起到链条作用的基本语言文化单位,将译语与原语两种语言链接起来,起到链接从词到整个文本的链条作用。

3.2.2.2 语言文化场作为译义元语言研究的分析框架

双语词典语言文化场是在对译义元语言系统进行义类分级后形成的。双语词典的原语文化反映的是编者对原语文化中人的生活方式、行为方式和意识方式的认知,因而从"人"出发考察译义元语言词汇,可以揭示双语词典中呈现的原语文化中人的独特的存在方式。对"人"的关注成为"以人为中心"的译义元语言语义分类原则的理据。本研究参照《朗文分类》的分类原则对双语词典译义元语言系统进行三级分类,形成双语词典译义元语言系统三级语言文化场。对译义元语言的三级分类使译义元语言的层级关系一目了然,可对不同具体化程度的语言文化场和语言文化子场进行分析。14 个一级语言文化场显示了译义元语言的总体分布特征,体现出编者对原语文化的关注特点。一级语言文化场之下的二级子场和三级子场体现了特定类别语言文化场的层级关系和语义联系,同时也显示出与其他类别语言文化场与子场的区别与联系。

语言文化场理论为分析双语词典译义元语言系统的特点提供了一种综合性系统性的描写方法,但对译义元语言系统特点的分析不是本研究的最终目的,还需要通过译义元语言来揭示原语文化构建特点。在有限的篇幅里不可能对所有语言文化场和子场都加以全面系统的场性分工考察,因而本研究只选取原语文化关键词语言文化场作为个案,从描述和阐释文化关键词的译义文化元词入手来考察特定语言文化场的场性分工情况,以求相对具体地展示译义元语言构建原语文化的特点。

3.2.3 译义文化元词的独特性与重要性

译义文化元词是描述和阐释原语文化关键词的译义元语言中频率最高、语域最宽的译义元语言词汇。双语词典中原语文化关键词的意义主要是通过译义文化元词来构建的,译义文化元词与原语文化关键词的关系是词典元语言与对象语言的关系,因此可以通过译义文化元词来考察原语文化关键词意义呈现的特点。译义文化元词的独特性和重要性是由其描述和阐释的原语文化关键词所决定的。

3.2.3.1 文化关键词的指示性意义

威尔兹比卡在其著述中多处谈到文化关键词对认知整个文化的意义,她认为,文化关键词是“人们赖以生存的词”,“通过把认知焦点集中在‘人们赖以生存的词’上,学习者可以了解到自己的母语和所学目的语中的话语习惯如何深藏在文化价值观和预设之中”(Wierzbicka 1997: 4)。“关键词就像是在一个缠好的毛线球上没有系好的毛线头,而那些不仅包含在词语内还包含在搭配、固定短语、语法结构、谚语等当中的态度、价值、观念就像毛线球,我们只要拉一下这个线头,就可能把整个‘毛线球’拆开。”(Wierzbicka 1997:17)“要理解某个特定文化的话语习俗,就必须理解与文化相关的、能够反映其文化价值、观念、社会范畴、言语行为等方面的文化关键词。”(Goddard & Wierzbicka 2006)“某些文化关键词可以充当整个意义网络的关键节点,对关键词意义的洞察是进入整个文化世界的途径。”(Wierzbicka 2010: 4)“要达到理解的目的,我们需要知道他们的词语,尤其是文化关键词的意思。”(Wierzbicka 2015: 1)

威廉斯在界定文化关键词的内涵时指明了关键词对了解文化的指示性意义。他提出,文化关键词是具有思想内涵的词,主要“有两种相关的意涵:一方面,在某些情境及诠释里,它们是重要且相关的词。另一方面,在某些思想领域,它们是意味深长且有指示性的词。它们的基本用法与了解‘文化’‘社会’的方法息息相关”。(威廉斯 2005: 7)

周光庆(2012: 408)从文化人类学视角出发研究中华文化关键词对认识中华文化的意义。他将中华文化关键词界定为“中华民族与其生存空间互动以创造文化的关键性中介符号,是构建、组合、表征和传承中华文化基本要素、核心观念的特殊语词”。研究中华文化关键词的意义是进一步认识创造中华文化的中华民族之“人”。就中华文化关键词的研究而言,最高目标是要认识中华民族之“自我”,就是要在实现语言层面目标、文化层面目标的基础上,考察它们作为关键词而在中华民族与生存空间互动的历程中所造就、所反映的民族“人”的生存方式和文化心理。这一最高目标之所以可能实现,是因为“要认识人,除了去了解人的生活和行为以外,就没有什么其他途径了”。

文化关键词和文化特色词不是完全同一的概念,文化关键词一定是文化特色词,但文化特色词不一定是文化关键词。文化特性是语言的基本属性，在语言学家看来，每种语言中的语词大多都具有文化内涵，威尔兹比卡及其同事三十多年的研究中也只发现65个左右文化中性的语义基元词，这说明文化特色词是语言中的一种普遍现象，没有文化特色的词汇反而不多。有学者，如赵彦春和黄建华（Zhao & Huang 2004：181）甚至认为："文化负载词（即文化特色词）是一种用词不当，所有的词都负载了文化，因而没有必要区分所谓的文化负载词和非文化负载词。"并不是所有的文化特色词都具有文化认知的指示意义，如前文提到的文化特色词中国的"小笼包"、印度的"甩饼"等虽然能表现不同地域人的饮食文化特色，但对于表现特定文化的价值观念和信仰等并无大的揭示意义。而文化关键词则不同，如汉语的"天"字，它是个具有多种内涵的中国文化关键词，涉及中国人的"天命观""天道观"等，对中国人的宗教和信仰有揭示作用。

文化关键词对于认知特定文化具有重要的指示意义，对词典中原语文化关键词的考察自然成为了解双语词典编者对原语文化的认知和呈现特点的途径。而译义文化元词作为描述和阐释原语文化关键词的译义元语言词汇，与原语文化关键词分属两种语言文化系统，原语文化关键词强调的是文化的特殊性，而译义文化元词表现的是文化的普遍性。译义文化元词具有跨文化性、对话性或者双重文化性，一方面它是译语语言文化中的词语，具有译语中的原有意义；另一方面，它又是描述和阐释原语文化关键词、赋予文化关键词意义的词语，更多的是反映文化的普遍性，这种普遍性也是两种文化之间的对话得以开展的前提和基础。

3.2.3.2　译义文化元词路径的文化关键词研究

威廉斯的《关键词：文化与社会的词汇》以关键词的形式对英语文化中关于习俗和制度的语汇及意义进行了探讨。约翰·艾瑞基与莉姬·艾瑞基归纳出威廉斯"关键词"的关联性有六个特质：（一）找出词与词之间的关系及其变异用法；（二）将用法与语境串联在一起；（三）将过去的各种用法与新近的用法并列；（四）寻构各知识领域间的相互关系性；（五）由对普遍通用词汇的省思，来分析各阶段的社会生活之关联性；（六）辨识出专门语汇与普通用语的相关性。（转引自 刘建基 2005：译者导读 6）

周光庆（2012：172）指出，中华文化关键词的功能是"能在特定领域或特定条件下发挥重要的认知功能、组织功能、实践功能和转化功能，成为中华文化特别是其核心观念和价值系统的凝聚点或网结点”。他进而提出,在个体人的大脑和民族人的共同文化心理中,语词也是相互联系、自成体系的,同样也组成了各自可以激活扩散的“层次词汇网络模型”,构成了个体人的“心理词典”和民族人的“文化词典”,而文化关键词则分别都是其中的凝聚点或网络点,这正是全面研究文化关键词而必须注重考察其互动性、关键性、系统性等基本特性的心理学依据。(周光庆 2012: 174-176)他提出研究文化关键词的基本程序是:(一)上溯它们作为普通词的产生;(二)考察它们作为关键词的形成;(三)梳理它们作为关键词的潜在系统;(四)追寻它们作为关键词的家族繁衍;(五)通观它们作为关键词的中外会通。(周光庆 2009: 92-97)

以上研究者的文化关键词研究其共同特点都是强调关键词与其他词的联系,注意到关键词所构成的网络系统及其在系统中的关键地位,而不是对关键词进行孤立静态的微观研究。但这些研究都是在单语中进行的,没有涉及跨文化的视角。他们的研究对于双语词典的文化关键词研究具有启发意义,但在研究方法上并没有提供文化关键词跨文化阐释分析可资借鉴的模式。

双语词典中的译义文化元词与原语文化关键词的关系是元语言和对象语言的关系。原语文化关键词的意义网络是通过译义文化元词来构建的,译义文化元词在层次上高于作为对象语言的原语文化关键词,因此对原语文化关键词的研究自然也可从译义文化元词入手。从译义文化元词来考察原语文化关键词,包括两个主要内容:一个是对译义文化元词本身的研究,另一个是对译义文化元词谈论文化关键词的行为过程的研究。对译义文化元词本身的研究,不是对单个的词语在译语系统中的语义研究,而是对双语词典中所有包含译义文化元词的译义元语言语句的系统考察。如对《华英字典》的中国文化关键词“祭祀”的考察,是以《华英字典》中所有的 sacrifice 及其所在语境所构成的系统为对象的。sacrifice 并不仅仅出现在汉字条目“祭”或“祀”中,在整部词典中只要与祭祀内容相关的部分大都会出现。从双语词典的文本系统组织结构来看,sacrifice 相当于中观结构中的参见词,可以把出现在各个微观结构中与 sacrifice 相关联的译义元语言语句及原语词句汇聚起来,可按特定的标准将这些汇聚的译义元语言语句和原语语句置于某一框架,即本研究中的语言文化场内加以考察。如果不通过译义文化元词 sacrifice,

而是从汉语出发寻找双语词典中的“祭祀”及其相关语词,并建立语言文化场,其难度是非常大的。

与原语文化关键词对应的译义元语言往往不是一个词,而是一个词汇集,如“天”在《华英字典》中对应的英语除了 Heaven,还有 sky、Nature、Providence、Universe 等。而译义文化元词是译义元语言词汇集中词频最高、语域最广的元语言词汇。本研究在译义元语言词频和语义分布的基础上,确定与原语文化关键词相对应的译义文化元词。如“天”的译义元语言词汇集中,Heaven 是其中词频最高的,与“天”的“物质天”“主宰天”“命运天”“自然天”“义理天”五义都有对应,而《华英字典》中的其他相关英语词汇通常只对应“天”的其中一个语义,因此将 Heaven 确定为《华英字典》中“天”的译义文化元词。

3.2.4 基于译义文化元词的语言文化场分析框架

双语词典通过译义文化元词来解释和描述原语文化关键词,本研究既从微观层面对关键词的描述进行译义元语言考察,也注意分析与该关键词有语义相关性的其他语言事实,这样可以做到宏观层面的描述和微观层面的深入分析相结合,有效保证研究的个别与一般、局部与整体之间的联系,同时也能避免以往对双语词典研究中局限于文化特色词研究的微观性和零散性,最重要的是能保证选择对认识特定文化中的“人”有代表性指示性的关键词语进行个案分析,使研究起到事半功倍的效果。

原语文化关键词的“凝聚点”或“网络点”地位,在双语词典中可以通过原语文化关键词和译义文化元词构成的语言文化场来体现。译义文化元词与原语文化关键词作为具有共同不变意义的语言文化单位构成了特殊的双语语言文化场。本研究参照彭文钊(2002)对俄罗斯“团契精神”语言文化场的场性分工法来进行文化关键词的分析操作。彭文钊以俄罗斯民族个性主导特征之一的团契精神语言文化场为研究对象,从核心结构、中心结构和边缘结构三个层面对团契精神进行了语言文化场场性分工式描写与解释。

A)核心结构。团契精神语言文化场的核心结构由从俄语常用词中选出的表达团契精神整合义素的词所形成,是相应语言文化场核心结构最简基本单位的集合。表达团契精神的称名词组的聚合体可以视为对各子场场名的命名。

B)中心结构。团契精神语言文化场的中心结构是对场名—核心概念的场性分工，语言文化单位按照层次序列形成相应主题下的子场集合。这一层次系统分为精神文化知识层、规范文化知识层和实体文化知识层，在相应亚语言文化场层级系统内进行分类描写与阐释。在语言文化场综合描写的总体框架下，对团契主题场中心结构知识系统三分法的认识涵盖了物质、制度和精神三个层面，并以精神文化知识层为主，透视其在其他两个层面上的语义化表达。

C)边缘结构。团契精神语言文化场的边缘结构与宗教性语言文化场、最高经验形式语言文化场联系密切，是对团契精神外延及内涵的必要补充。

团契精神语言文化场的构建和分析是一种关键词语言文化场分析法，但分析没有涉及俄语与其他语言的对比，研究所选择的主题场名或关键词基本源自俄罗斯学者沃罗比约夫等总结的表达团契性意指单位的现成最简词表，未涉及如何制定常用词表、选择关键词、确定语义场类别等问题。

双语词典文本关键词语言文化场研究，是以双语词典文本为研究对象，利用译义元语言与原语的对应性进行的语言文化场场性分析，目的是系统地考察编者通过译义元语言构建的原语文化整体特点中的个性特征，并考察译义元语言构建的具体原语文化形象。语言文化场最大限度地体现译义文化元词系统与原语文化关键词系统的分离，并能体现系统的层级关系。语言文化场理论为译义文化元词构建的原语文化关键词系统提供了一个适合的分析框架。这个框架能最大限度地涵盖与构成关键词语义网络系统的相关语言单位，体现关键词语义网络系统的层级关系，最为重要的是从关键词系统认识编者所认知和呈现的原语文化的特点。

3.3　译义元语言路径的方法论意义

本小节将从译义元语言对分析原语文化构建的合理性、可行性两个方面来阐述译义元语言路径的方法论意义。

3.3.1 译义元语言分析的合理性

封宗信(2005:406)指出:元语言是语言学的重要描述和研究手段,但在现代语言学中的重要性没有得到足够的认识。李葆嘉(2002:143)也指出:"多年来的汉语词典学、词汇学、语义学及语言信息处理等领域的研究,之所以没有或难以出现突破性进展,其表层原因在于尚未对现代汉语元语言系统这一基础性工作进行深入研究,其深层原因在于没有跨入元语言理论和研究方法这一领域进行创造性探索。"刘华文(2017:1)在论述词典的文本性时提出:"常规性地只从语言学诸如语音学、词汇学、语法学或语义学的角度去考察词典是远远不够的。我们应当从更广阔的视角去探讨词典作为文本的潜势,从而更接近词典这一元语言文本的本体特征。"

元语言与对象语言的区分具有方法论的意义。认识对象的本质只有在对象之外或者在比对象更高的层次上来进行,用语言来谈论语言,并不是在同一层次上谈论语言,同一层次上的语言无法谈论自身(李子荣 2006: 11)。元语言赋予对象语言以意义,在层次上要高于对象语言,是谈论对象语言的语言。对于双语词典来说,正因为译义元语言具有赋予原语文化意义、构建原语文化的功能,处于比原语语言更高的层次,通过译义元语言考察双语词典原语文化系统呈现或表征的特点也就有了合理性。

3.3.2 译义元语言分析的可行性

译义元语言是描述和阐释原语语言文化的工具语言,对译义元语言进行系统考察,是全面了解编者对原语文化认知和重构特点的重要途径。目前通过译义元语言来进行原语文化系统研究的很少,这主要有两方面的原因:一是研究者未意识到元语言对对象语言研究的方法论意义,未将元语言和对象语言分离,通过元语言来研究对象语言。二是实际操作中将双语词典中共现的两种语言分离并非易事,必须要借助合适的工具。

本研究利用语料库软件提取《华英字典》中作为译义元语言的所有英语词汇,译义元语言英语与对象语言汉语的分离从而得以实现,从译义元语言的更高层次上来研究词典中汉语文化的构建与呈现也因此成为可能。利用语料库工具可以获得一部双语词典中所有的译义元语言，但译义元语言系统的体系性并不会自动呈现出来，需要按一定的标准对其进行分类后才能显现。本研究依据《朗文多功能分类词典》“以人为中心”的分类原则，从人类文化学视角对所有的元语言词汇进行语义分类，并构建译义元语言的语言文化场，从而揭示译义元语言系统的整体特点。

3.4　本章小结

本章首先从元语言理论视角阐述了双语词典译义元语言对于原语文化的构建功能；接下来讨论了语言文化场作为研究译义元语言系统性特征及译义元语言文化构建功能的分析框架的现实性，并具体描述了译义元语言三级语言文化场及译义文化元词-原语文化关键词双语语言文化场分析框架的构建；最后从译义元语言分析的合理性、可行性方面论述了译义元语言路径的方法论意义。

第四章　研究设计

本章介绍《华英字典》译义元语言的研究设计，包括具体的研究问题、数据获取介绍以及数据分析，着重介绍用于数据收集的三部分词典电子文本的预处理、提取后的数据整理与归并，以及三部分词典所有译义元语言词汇的词频统计分析及语义标注等。

4.1　研究问题

本研究在元语言理论的指导下，在语言文化场框架中考察《华英字典》中利用译义元语言表征和构建的中国文化的整体特征及反映的中国文化形象，分析马礼逊对中国人及其社会生活的认知与呈现特点以及影响其中国文化构建的编用主体因素，旨在对《华英字典》作为百科全书式的中国文化词典有具体深入的认识。基于以上目的，本书提出下列主要研究问题：

1.《华英字典》译义元语言系统有哪些主要特征？具体如何体现？

2.《华英字典》译义元语言系统如何构建中国文化？

3.编用主体因素如何影响《华英字典》译义元语言的文化构建？

以上三个问题包括了《华英字典》的译义元语言系统特点及其构建中国文化的元语言功能实现两个方面的内容，既有对译义元语言系统的描述，也有对译义元语言功能实现的行为过程描述；既关注词典文本客体，也关注词典编纂主体。回答这三个问题的基础是对《华英字典》译义元语言词汇系统语义分布特点的调查。第一和第二个问题都是针对《华英字典》文本的研究，第三个问题是关于编用主体因素对译义元语言系统构建原语文化的影响。

4.2　数据收集

本节介绍如何利用语料库软件 AntConc 提取《华英字典》译义元语言词汇，包括提取之前的语料准备、提取的内容描述，以及词汇提取后的整理。

4.2.1　电子文本的准备

提取译义元语言词汇，首先需要明确英语是《华英字典》的译义元语言。《华英字典》是面向西方人汉语学习的英汉汉英双语词典，第一部分3 卷本《字典》和第二部分《五车韵府》的第 1 卷都是汉英词典。这两部分汉英词典中，词目为汉语，英语是描述和阐释汉语的语言，毫无疑问是译义元语言。而第三部分《英汉词典》，词目为英语，词条右项中英语和汉语同现，英语仍然是向西方汉语学习者解释和说明汉语意义的工具语言，因而是《英汉词典》的译义元语言。

本研究分别提取《华英字典》三部分词典的译义元语言。用以提取的词典为多伦多大学图书馆馆藏的《华英字典》电子版，包括第一部分部首排序《字典》3 卷本，第二部分音序《五车韵府》第 1 卷和第 2 卷，以及第三部分《英汉词典》1 卷。首先将三部分词典电子版 pdf 格式分别转为 text 格式。对 3 卷本《字典》分别建立 3 个 text 文件，便于对 3 卷本进行对比。同时另建立一个由 3 卷本合并而成的 text 文件，以便与《五车韵府》及《英汉词典》的译义元语言进行对比。3 卷本《字典》第 1 卷附录中的索引及《五车韵府》第 2 卷中的英文索引也分别制成 text 文件，用来与《英汉词典》词目表进行对比。

《华英字典》text 文本准备好后，接下来要对文本进行预处理，删除前后件，只保留正文。词典的前言和附录是分析编者文化观的重要资料，但因《华英字典》三部分词典中并不是所有部分或卷中都有前言或附录，为保持统一，只将词典正文作为提取元语言的语料。

武建宇、宋文辉（2009: 4）提出，附加知识和例句都是释义信息的有效组成部分，从元语言词汇的获取来看，如忽视了对这部分内容的考察，得到的元语言词汇是不完整的。魏向清（2005b: 110）认为双语词典译义的范围不仅仅是对应词，“对于每一个词条而言，凡是能够对它的相关语义内容的揭示有益的手段都应该属于译义的范畴，是译义的一部分”。为了保持译义元语言系统的整体性，本研究把正文中所有的英语作为译义元语言提取的语料。

需要指出的是，在文本预处理时并没有删除《华英字典》正文中的汉字、汉语注音等非英语符号。利用语料库软件可以直接提取 text 文本中所有的英文，汉字的存在不影响提取，因而不必删除词典正文中的汉字。对于汉语注音，有些可能会与单词混淆，如松、宋、送等汉字的注音 song 与英语单词 song 形式相同，被一并提取后会对英语词的统计造成干扰，按理应该事先删除，但考虑到若删除汉字注音，工作量过大，因而在利用软件提取词汇后，再进行人工识别和删除。

4.2.2　译义元语言词汇的提取工具

本研究使用免费的语料库软件 AntConc 3.2.4w，该软件具有词语检索、生成词表和主题词生成等功能。提取出《华英字典》三部分词典正文中的所有英语词汇后，获得《字典》1-3 卷合并、1-3 各卷、《五车韵府》以及《英汉词典》的英语词汇及词频的 AntConc text 文档。然后将 text 文档转为 excel 格式，接下来的大部分数据处理，如单词按频次排序、按首字母排序、剔除非英语单词、大小写合并、计算百分比等都是利用 excel 的强大功能来进行的。

4.2.3　数据整理和归并

利用 AntConc 软件得到的英语词表中有注音、乱码等非英语词，需将其剔除才能进行下一步的数据统计，否则会影响统计的准确性。因 text 文本中的汉语注音未事先析出，这些注音在提取时与英语单词一并提出，如汉语注音 song（宋、松等）被归入英语词 song（歌曲）中，注音 too（肚、兔等）归入英语 too（也）等，因而需要对照词典文本来人工剔除非英语词汇。同时，因软件提取词语时会出现一些识别错误，如有的词语中 r 被识别为 I，f 识别为 t 等，也需要对照词典文本进行更正。

AntConc 对大写及小写的英语单词是分别统计词频的，本研究为统计的方便，把获取的译义元语言 text 文档转为 excel 格式后，将首字母大小写词语一律改为小写，并进行词频数的合并。同时为提取《英汉词典》的词目表，以及方便分析某些有首字母大小写的单词，如 Heaven 与 heaven 等，需要另存一份不进行大小写合并的《英汉词典》译义元语言的 excel 词表文档。

4.2.4 《英汉词典》词目表的提取

本研究除提取《华英字典》三部分词典的英语词汇，还单独提取《英汉词典》的英语词目表。提取《英汉词典》英语词目表有两个目的：一是分析马礼逊《英汉词典》词目选取的特点，并与两部汉英词典《字典》和《五车韵府》中的英语索引词对比；另一目的是对词目单独进行语义标注，便于与两部汉英词典的译义元语言语义分布进行对比。两部汉英词典的选词立目基本以《康熙字典》等中文原版字典为依据，一方面显示马礼逊对原版中文字典权威性的尊重，另一方面也因他尚处于中文学习阶段，对原版字典有较大的依赖性。《英汉词典》的编纂出版在两部汉英词典之后，此时他的汉语水平已经相当高，对《英汉词典》的收词立目也有更多自主权，更注重帮助用户学习用汉语来表达西方文化中相对应的概念。考察《英汉词典》的收词，对这些词也按《朗文分类》进行三级义类标注，并将英语词目表与各部分词典的英语译义元语言词汇语义分布进行对比，更能发现编者鲜明的主体性。

4.3 数据分析

4.3.1 译义元语言词表的统计

对提取的英语词汇进行数据整理和优化后，得到 6 个译义元语言词表，包括第一部分《字典》1-3 卷各卷英语词表、《字典》1-3 卷合并的英语词表、《五车韵府》英语词表、《英汉词典》英语词表。表 4-1 为三部分词典中不重复的英语词汇数。

表 4-1 三部分词典中不重复的英语词汇数(个)

《字典》3 卷合并	《五车韵府》	《英汉词典》
15414	13193	12481

从表 4-1 可以发现,虽然三部分词典的规模相差较大,但不重复的译义元语言英语词汇总数差别并不是特别大。表 4-2 是《字典》3 卷本中不重复的英语词汇数。

表 4-2 《字典》3 卷本中不重复的英语词汇数(个)

第 1 卷	第 2 卷	第 3 卷
13186	9448	8649

《字典》的 3 卷页码相差不大,分别为第 1 卷 867 页,第 2 卷 884 页,第 3 卷 908 页,但各卷之间不重复英语词汇数量却有较大差别。第 1 卷只包括 40 个部首的汉字字头,但篇幅却不比第 2 卷、第 3 卷少很多,不重复的英语词汇最多;第 2 卷包括 79 个部首的字头,是第 1 卷的 2 倍,却比第 1 卷少了 3000 多个不重复英语词汇;第 3 卷包含 95 个部首的字头,字目最多,不重复英语词汇却最少,比第 1 卷少了 4000 多个。但各卷中涉及了哪些语义类别,描述了中国文化的哪些方面,还需要进行语义分类后才能确定。

4.3.2 《英汉词典》英语词目及两部汉英词典英语索引统计

《英汉词典》的收词立目与两部汉英词典的英语索引是何种关系?《英汉词典》有没有编纂难度?不少研究者,如沈国威、谭树林、杨慧玲等认为,《英汉词典》根据两部汉英词典的英语索引来确立词目,是以汉英词典内容为基础编写的,难度不大,讨论其词典蓝本没有多大必要。沈国威(2011b: 44)提出,《字典》第 1 卷卷末附有一个英文索引,与字典正文中的汉语部分相对应,《英汉词典》的编纂和这个索引有很大的关系。杨慧玲也称:"马礼逊词典第三部分的蓝本问题鲜有人提及,其原因马礼逊自己已经说得非常明白,'词典的第三部分《英汉词典》,完全是汇集而成的'(《马礼逊回忆录(2)》)。第三部分的《英汉词典》从编写到出版都很快,《字典》第1卷后就有一个英语检索表,《五车韵府》第2卷中也有一个英语检索表,因此,在这两个检索表和部分汉英词典的基础上,编写一部英汉词典并不困难。"(杨慧玲 2012: 152-153)这类看法的问题在于对马礼逊《英汉词典》的独创性认识不足。

通过对汉英词典索引词表和《英汉词典》词目表、两个词表部分单词的拼写形式以及词语所在条目的内容进行对比,可以对《英汉词典》词目的来源有新的认识。

本研究利用 AntConc 提取了两部汉英词典附录中的英语索引词表,并从提取的《英汉词典》词表中分离出英语词目表。两部汉英词典的索引词合并去重后为 8846 条,《英汉词典》的词目词共 7253 条。将这 7253 条的词目词表与两部汉英词典索引词表进行对照后发现,两个词表中重合的词是 4139 条,只占《英汉词典》词目的 57.06%,还有 3114 条近 43% 的词目词未见于汉英词典的索引词表。再将 3114 条与汉英词典的英语译义元语言词表比照,发现仍有 1458 条均未出现于 3 卷本《字典》及《五车韵府》的译义元语言词表中。见表 4-3。

表 4-3 《英汉词典》词目与汉英词典索引表对比

《字典》《五车韵府》不重合索引	8846 条	词目与两部汉英词典索引重合 4139 条,不重合 3114 条 1458 条词目词未见于两部汉英词典译义元语言词表
《英汉词典》词目	7253 条	

《英汉词典》中有些复合词目词与汉英词典正文及索引中的英语复合词拼写有差异,如《英汉词典》词目中有些复合词有连字符,如 sky-light、ear-ring、water-lily、bawdy-house、lying-in 等,而在汉英词典中这些词无连字符;《英汉词典》复合词目中两个单词是分开的,如 chit chat,而汉英词典中是复合词 chitchat;《英汉词典》中的 pharmacopoeia、judgment、apologise 等在汉英词典中为 pharmacopeia、judgement、apologize。

从词目与两部分汉英词典索引数量的对比以及某些词的拼写差异可以看出,《英汉词典》并非如一些学者所认为的那样以汉英词典为基础很容易就编纂而成,《英汉词典》的选词立目体现了马礼逊的独创性和自主性。他选择哪些词作为词目,不选哪些词,是借用西方人熟悉的概念和范畴,从帮助西方人用汉语表达的现实需求出发,来描述和解释汉语中与之对应的内容,帮助西方汉语学习者用汉语表达思想。

4.3.3 译义元语言词汇的词频分布

苏新春将词频作为提取释义元词的依据之一,他把提取自《现代汉语词典》的所有释词频率分成 7 段,发现出现 5 次及 5 次以下的占总释词的 74.72%,6-10 次的 9.14%,11-20 次的 6.54%,21-30 次的 2.62%,31-40 次的 1.45%,41-50 次的 0.97%,51 次及以上的 3.55%。使用次数达 19 次以上的释词不到总释词的 10%,大于等于 18 次以上的词有 4324 条。(苏新春 2005: 224-230)安华林在获取了《现代汉语词典》的全部释义词语和频率后,根据五级频度划分法,即高频(频次≥1001)、次高频(频次 101-1000)、中频(51-100)、低频(11-50)、罕频(1-10),然后将频率 20 及以上的 3828 个词作成常用词表,再与《汉语水平与汉字等级大纲》《现代汉语频率词典》《现代汉语三千常用词表》等进行比对,提取共现词,经过归并调整之后确定释义元语言词汇。(安华林 2005: 27-28)苏新春和安华林都只取高于一定频率的词作为基础来进一步获取释义元语言基本词汇。一部词典的释义词汇虽然频率存在差异,但这些词汇整体构成了一个完整的释义元语言系统,都是为了描述和解释对象语言服务的,要对这个系统进行全面研究,就不能依据频率标准将中低频词语排除在外。但如果要选取系统中的某些词汇进行个案分析时,频率就是选择的一个重要依据,频次 100 的词往往要比频次为 1 的词更具有关注的价值。因而本研究在考察《华英字典》译义元语言系统的特征时,首先把所有词都纳入考察范围,对所有词都标注语义类别,同时也选取某些特定类别中频率较高的译义元语言词汇进一步分析。

为对《华英字典》译义元语言词汇的词频分布有个大体认识,本研究也依照苏新春的 7 段词频划分法进行了统计,见表 4-4。

表 4-4 各部分词典译义元语言的频率分布（频度：%）

词频	《字典》卷 1		《字典》卷 2		《字典》卷 3		《字典》1-3 卷		《五车韵府》		《英汉词典》	
	13186		9448		8649		15414		13193		12481	
	词数	频度	词数	频度	词数	频度	词数	频度	词数	频度	词数	频度
≤5	8931	67.73	6819	72.17	6312	72.98	9193	59.64	8260	62.6	9742	78.05
6-10	1498	11.36	981	10.38	913	10.56	1940	12.59	1312	12.22	1252	10.03
11-20	1155	8.76	729	7.72	633	7.32	1503	9.75	1317	9.98	738	4.91
21-30	484	3.67	290	3.07	244	2.82	755	4.8.30	607	4.60	272	2.18
31-40	248	1.88	156	1.65	144	1.66	424	2.75	315	2.39	126	1.01
41-50	182	1.38	115	1.22	81	0.94	294	1.91	225	1.71	83	0.65
≥51	688	4.22	358	3.79	323	3.73	1304	8.46	857	6.50	268	2.15

由上表发现，《华英字典》三部分词典中词频为 1-10 的比例最高，都在 70% 以上，80% 以上的都是词频为 1-20 的词语。如果只关注词频 20 以上的词汇，必然会将大部分词汇都排除出研究范围，无法考察译义元语言系统的全貌。因而本研究将所有译义元语言词汇视为研究对象，进行语义标注，并考察整个译义元语言系统的语义分布情况，在此基础上分析《华英字典》译义元语言所描述的中国文化的特征。

4.3.4 译义元语言词汇三级义类标注

在文化人类学看来，文化是人的生存方式，因而考察《华英字典》呈现的中国文化的特点，其实质也就是考察编者对中国人的社会生活和生存方式的认知及在词典中的表征特点。译义元语言的语义特征可以反映其描述和阐释的原语文化的特点。本研究将以《华英字典》中作为译义元语言的所有英语词汇为研究对象，以《朗文多功能分类词典》为主要依据对其进行文化人类学的三级语义类别标注。

《华英字典》译义元语言语义标注并未完全依照《朗文分类》，原因在于：首先，词的语义有古今差异，两部词典出版时间相差近 200 年，《华英字典》编纂出版年代是 19 世纪初，而《朗文分类》出版于 20 世纪末，《华英字典》中英语解释的对象多为古汉语或近代汉语，《朗文分类》收录的是现代英语，因而需根据词语在词典中的具体语义来标注语义类别。其次,《华英字典》中的英语词汇与《朗文分类》的收词不完全一致,有些词不见于《朗文分类》,需要参照《朗文分类》中同类或语义相关的词语进行标注。

《华英字典》三级语义类别标注

对《华英字典》各部分词典中的英语词三级义类标注,包括 14 个一级义类的语义标注,各一级义类下的二级义类和三级义类的标注,语义的标注具体到义项。需要说明的是,因多义词的存在,统计的结果中义项总数必然比不重复的英语单词数多。一级义类标注后,分别统计各义类的义项数及各部分词典的总义项数,并计算某义类的义项数与该部分词典 14 个一级义类总义项数的比值。如《英汉词典》的一级义类中,A 类的总义项数为 1135 个,《英汉词典》总义项数为 14154 个,因而 A 类的总义项数与 14 个义类总义项数的比值为 8.019% 。《英汉词典》的选词立目比汉英词典更能体现编者马礼逊的主体性和独创性,因而本研究在标注《华英字典》三部分词典译义元语言词汇的同时,还标注《英汉词典》词目的语义类别,用以分析《英汉词典》选词立目中体现的马礼逊文化观,并用于三部分词典的译义元语言词汇语义分布的参照对比。三部分词典不重复的英语词数和标注的一级义类总义项数见表 4-5。

表 4-5　三部分词典中一级语义类总义项数

	《字典》	《五车韵府》	《英汉词典》	《英汉词典》词目
正文总页码	2722	1086	480	
不重复的英语词	15414	13193	12481	7342
一级义类总义项	17844	14862	14151	8169

3 卷本《字典》与《五车韵府》篇幅相差很大,《字典》的正文页码是《五车韵府》的 2.5 倍多,所收录的汉语主字目规模差别也较大,《字典》汉字字目 4 万余条,《五车韵府》主字目为 12674 条,不到《字典》的三分之一。《字典》与《五车韵府》汉语条目数相差大,有两个原因:一是《五车韵府》汉字字头按音序排列,异体字列在主字条下,算一个条目,而《字典》按部首排序,异体字也是单列条目的;另一个原因是《五车韵府》中不收录《字典》中的不常用字。但两部汉英词典中的译义元语言——英语

词语总数相差却不是太大,《字典》不重复的英语词是 15414 个,一级义类总义项为 17844 个;《五车韵府》不重复的英语词为 13193 个,一级义类总义项为 14862 个。沈国威(2011b:123)曾指出,从汉字释义情况上看,《字典》和《五车韵府》并没有本质的区别。也就是说,除了收字规模外,马礼逊只不过是分别提供了两种检字方式,一种称之"字典",另一种即所谓的"韵府"。两部分词典不重复的译义元语言词汇总数及一级义类总义项数证实了沈国威的这一说法。《英汉词典》中不重复的英语单词数为 12481 个,一级义类总义项为 14151 个;而《英汉词典》的词目是 7342 个单词,一级义类总义项为 8169 个,有 5139 个不重复英语词未立为《英汉词典》的词目。

一级语义类别下再分若干二级义类。如 A 类"生命与生物",其二级语义类别分为 10 个小类:生命与生物、生物、动物/哺乳动物、鸟类、爬行与两栖、鱼及其他水生动物、昆虫与同类生物、动物各部分、植物种类及各部分、植物(总称)。二级语义下又分三级语义,如二级语义类中的"鸟类"分为家禽、海鸟、水鸟、常见野生鸟类、玩赏鸟类、罕见鸟类、捕猎目标的野生飞禽、食肉鸟及食腐飞禽等。对《华英字典》中所有英语词的语义也标注到三级语义,这样可更为明晰地显示各类别及各类别内的层次情况。

4.3.5 《华英字典》译义文化元词的确定

本研究选择祭祀文化关键词进行个案分析,首先是确定"祭祀"的译义文化元词。译义文化元词的认定可参照威尔兹彼卡提出的关键词确定程序和原则。她认为认定关键词需要话语材料为支撑,参照以下 4 个原则:(1)所讨论的词是该语言的常用词,而不是非常用的边缘词;(2)所讨论的词经常用于某一语域之中,比如情感域或道德判断域;(3)揭示该词是否处于一系列成语"家族"的中心;(4)所设定的关键词经常出现于谚语、格言、流行歌曲和书名等中。关键词确定原则中,首先要求词的绝对频率高,其次要考察其在特定语域中的相对频率,是否处于某一语域的中心。(Wierzbicka 1997)译义文化元词的确定,首先也要考虑绝对词频,其次要看词语在语域中的相对词频,还要看是否以其为中心构成语义网络。

4.4 本章小结

本章主要呈现研究设计的总体思路:首先基于第三章双语词典文化研究的元语言理论视角提出本研究的主要研究问题,包括《华英字典》译义元语言系统的特点、译义元语言系统的中国文化形象构建及影响译义元语言系统文化构建的主体因素三个方面。针对这些研究问题,本书提出了双语词典宏观的译义元语言系统-原语文化系统与微观的译义文化元词-原语文化关键词考察相结合、定性与定量研究相结合、词典客体与编用主体考察相结合、整体性描述与各部分词典相对比的研究方法。随后,描述了获取《华英字典》各部分词典译义元语言词表的流程,包括提取语料的准备、语料库提取数据的整理归并及对词表的总体描述。本章的最后,介绍了对译义元语言语义标注的主要依据和基本流程。

第五章 《华英字典》的译义元语言系统特征

本章基于对《华英字典》三部分词典译义元语言词汇构成的三级语言文化场特点的考察，描写《华英字典》译义元语言系统的特征。首先对《华英字典》三部分词典的译义元语言一级语言文化场中 14 个一级义类分布特点进行对比分析，揭示马礼逊对中国文化的关注重点；接着对 14 个一级义类下的二级义类译义元语言所构成的二级语言文化场进行分析，进一步认识《华英字典》译义元语言系统的层次性特点；最后选取 C 类中部分三级语言文化场进行三级义类语义分布特点的考察，并通过考察某些相对高频词来具体认知译义元语言对中国文化的构建特点。

5.1 《华英字典》译义元语言一级义类语义分布特点

对马礼逊《华英字典》三部分词典译义元语言进行 14 个大类的一级语言文化场语义分布考察，可以把握各部分词典译义元语言系统的整体性特征，并揭示系统的层次性特点。在考察《华英字典》一级语言文化场前，首先对《英汉词典》词目的一级义类分布特点进行分析，目的是为考察《华英字典》三部分词典译义元语言语义分布特点提供参照。因为《华英字典》两部汉英词典收词立目都是以《康熙字典》等汉语单语字典为蓝本，选词立目难以显示马礼逊的独创性，而《英汉词典》的选词立目则更多地体现了他对中国文化的认知和思考。

5.1.1 《英汉词典》词目词一级义类语义分布特点

《英汉词典》词目词的一级义类语义分布与该词典译义元语言一级

义类的语义分布对比见表 5-1。

表 5-1 《英汉词典》英语词一级义类与词目词一级义类分布对比

《英汉词典》词目	比例	《英汉词典》	比例
C 人与家庭	13.466%	C 人与家庭	12.859%
N 泛指词与抽象词	10.601%	N 泛指词与抽象词	11.057%
G 思想与交际,语言与语法	10.258%	G 思想与交际,语言与语法	10.958%
F 感觉、情感、态度与知觉	10.234%	F 感觉、情感、态度与知觉	10.315%
A 生命与生物	9.842%	A 生命与生物	8.019%
L 空间与时间	7.908%	L 空间与时间	7.659%
H 物质、材料、物件与设备	7.088%	M 运动、位置、旅行与运输	7.539%
M 运动、位置、旅行与运输	6.500%	H 物质、材料、物件与设备	7.206%
J 数字、计量、货币与商业	4.766%	J 数字、计量、货币与商业	4.843%
B 身体及其机能与健康	4.668%	B 身体及其机能与健康	4.320%
D 建筑物、房屋、家庭、服装、财物与个人护理	4.830%	D 建筑物、房屋、家庭、服装、财物与个人护理	4.066%
E 食物、饮料与农业	3.073%	I 工艺美术、科学技术、工业与教育	3.575%
I 工艺美术、科学技术、工业与教育	2.705%	E 食物、饮料与农业	2.812%
K 娱乐、运动与游戏	1.616%	K 娱乐、运动与游戏	1.773%

由上表可见,《英汉词典》英语词与《英汉词典》词目词语义分布特点基本一致,只有 H、M、E、I 四类稍有差别。排在前四位的依次为 C 类(人与家庭)、N 类(泛指与抽象词)、G 类(思想与交际,语言与语法)及 F 类(感觉、情感、态度与知觉)。这四类的词目占总词目语义的比例都在 10%以上,合计约为 45%。其中与人的自身精神世界有关的是 C 类与 G 类中关于交际的部分词汇,N 类中关于人与人之间关系的部分词,以及 F 类中关于情感和态度的大多数词。从文化的物质、制度及精神三个子系统来看,C 类、G 类、N 类中关于人与人之间关系的词汇反映制度文化,而 F 类中更多的则体现精神文化。可以说,《英汉词典》关于制度文化与精神文化的词汇最多。语义分布中比例最少的为 E 类(食物、饮料与农业)、I 类(工艺美术、科学技术、工业与教育)、K 类(娱乐、运动与游戏)

这三类,合计不足 9%,这三类中大多数是描述物质文化的词汇。可见,马礼逊在确立《英汉词典》的词目时,更偏向于选取关于制度文化和精神文化方面的词汇。他选择这些词汇作为词目,目的不是向词典用户介绍西方人的制度文化和精神文化,而是通过这些词来描述中国的人与人之间关系及中国人的精神世界。

5.1.2 《华英字典》译义元语言词汇一级义类语义分布特点

《华英字典》三部分词典译义元语言词汇及《英汉词典》词目的一级义类语义分布见表 5-2。

表 5-2 《华英字典》14 个一级义类的语义分布

	《英汉词典》词目	《英汉词典》	《五车韵府》	《字典》
A(生命与生物)	9.842%	8.019%	5.652%	5.217%
B(身体及其机能与健康)	5.668%	5.320%	5.403%	5.397%
C(人与家庭)	13.466%	12.859%	12.192	12.408%
D(建筑、房屋、家庭、服装、财物、个人、护理)	4.900%	5.066%	5.753%	5.649%
E(食物、饮料与农业)	3.073%	2.812%	3.203%	3.088%
F(感觉、情感、态度与知觉)	10.234%	10.315%	11.102%	10.934%
G(思想与交际,语言与语法)	10.258%	10.958%	11.311%	11.791
H(物质、材料、物件与设备)	7.088%	7.206%	6.453%	6.131%
I(工艺美术、科学技术、工业与教育)	2.705%	3.575%	3.553%	3.536%
J(数字、计量、货币与商业)	5.766%	5.843%	4.374%	4.976%
K(娱乐、运动与游戏)	1.616%	1.773%	1.871%	1.972%
L(时间与空间)	7.908%	7.659%	7.650	7.392%
M(运动、位置、旅行、运输)	6.500%	7.539%	7.859%	7.577%
N(泛指词与抽象词)	10.601%	11.057%	13.625%	13.932%

从上表可见,《华英字典》三部分词典译义元语言的 14 大类语义分布有以下几个特点:(1)译义元语言的 14 大类没有缺类现象,表明元语言语义分布有足够的覆盖面,涵盖了系统的各个方面;(2)《英汉词典》

词目的语义分布中，C类、N类、G类、F类的语义项比例最高，整部《英汉词典》的译义元语言语义分布与词目的语义分布有一致性，说明词典中描述人与人的社会关系及人的精神生活内容的词汇最多；(3)3卷本《字典》与《五车韵府》的语义类别也具有一致性，语义项占比最多的都是N类——泛指词与抽象词。(4)《字典》《五车韵府》《英汉词典》三部分词典中，只有A类和N类比值相差稍大，其中《英汉词典》的A类比值是两部分汉英词典的将近2倍，N类比值比两部汉英词典的要少2.6%以上，其余12类的比值都较为接近。

《五车韵府》的汉字字头数不到3卷本《字典》的三分之一，但3卷本《字典》及《五车韵府》在14个语义类别分布上具有很高的一致性，只是A、B两类比例的次序不同，《五车韵府》中A类排第9位(5.652%)，B类排第10位(5.403%)；3卷本《字典》中B类排第9(5.397%)，A类第10(5.217%)，但所占比例相差不大。两部汉英词典译义元语言词汇一级义类的比值具有一致性，表明马礼逊通过译义元语言所描述和构建的中国语言文化系统具有一致性，并未因两部汉英词典规模有较大差异而显示很大的不同，由此反映出马礼逊在词典编纂过程中文化观的一致性，他对中国文化的认知在词典中的呈现也显示了稳定性。

总体上来看，《华英字典》三部分词典在14大类语义的分布上具有很强的一致性，但各部分词典的性质及规模不同，因而语义分布还存在差别。

首先，C(人与家庭)、N(泛指词与抽象词)、G(思想与交际，语言与语法)、F(感觉、情感、态度与知觉)这四类在三部分词典中语义类的比值都排在前4位，且G、F都分别排在3、4位，而C、N的具体排序有所不同，《英汉词典》的译义元语言词汇同词目词的排序完全一致，且比值比较接近；而3卷本《字典》及《五车韵府》中，N类都排在第1位，C类排第2位，但N类仅比排第2的C类多1.5%左右。N类为泛指词和抽象词，语义并非专门针对某类事物或现象。汉英词典中N类词最多，一方面可能与汉语中此类词汇本身就较多有关，另一方面也反映出编者马礼逊对汉语所表达的某类事物或现象理解不是很深，受汉语水平所限而难以用合适的译义元语言来解释，因而较多地使用了抽象或泛指的词语来大致地说明汉语所属的范畴。

其次，三部分词典译义元语言一级义类排在最后3位的都是I(工艺美术、科学技术、工业与教育）、E（食物、饮料与农业）和K（娱乐、运动与游戏），说明《华英字典》中对这3类的描述不多，这3类都偏重于物质文化方面，可见物质文化不是马礼逊关注的重点。

第三，比值处于中间的类别为H（物质、材料、物件与设备）、L（时间与空间）、M（运动、位置、旅行、运输）、B（身体及其机能与健康）、D（建筑、房屋、家庭、服装、财物、个人护理）和J（数字、计量、货币与商业）这6类，它们在三部分词典中所占的比例在7%—4%之间，且相差不大。

第四，三部分词典中比例有差别的是A类（生命与生物）。A类在《英汉词典》、3卷本《字典》和《五车韵府》中的比例依次为8.019%、5.217%、5.652%。汉英词典收词主要基于《康熙字典》，A类和J类词语占比并不是很高，与之相对应的英语词汇相应也会少一些。《英汉词典》中A、J两类词语的比值比两部汉英词典中的都要高，显示出马礼逊对生命与生物和数字、计量、货币与商业较为关注，也说明对于《英汉词典》的收词和描述的内容，马礼逊有更大的自主权。但A、J两类中具体是哪些着墨更多，需要进一步考察一级义类下的二级义类。

5.1.3 《英汉词典》词目、《朗文分类》词目及《朗文》释词一级义类对比

《华英字典》的《英汉词典》英语词目词的功能和词典右项中的英语一样，都是用来描述和阐释汉语的，因而也是《英汉词典》的译义元语言。据苏新春（2005：11），《朗文当代英语辞典》(*Longman Dictionary of Contemporary English*)(简称《朗文》)有2108条释义词，《朗文多功能分类词典》（简称《朗文分类》）立目词条有17061条。对《英汉词典》词目、《朗文分类》词目及《朗文》释义词集的一级义类语义分布进行比较，可以更好地看出这三部词典译义元语言词语的语义分布及词语选择的标准，从一级义类的语义分布特点可以比较这三部词典体现的中国文化的整体特征。

苏新春（2005）将《朗文》释词与《朗文分类》进行对比后发现，入选《朗文》释义词范围的词占《朗文分类》同一义类中立目词语总数比例最高的是N类“泛指词和抽象词”，占32.2%，最低的为C类“人与家庭”和A类“生命与生物”，均只占19.2%。他认为，“泛指词和抽象词”所占比例高些也正常，说明一般性的语文词语仍是释义词的主体部分。（苏新

春 2005: 14）

表 5-3 《朗文分类》与《朗文》一级义类对比（数据来源：参考苏新春 2005: 14）

一级义类	朗文分类	朗文	比例
N 泛指词与抽象词	1625	532	32.2%
F 感觉、情感、态度与知觉	1314	350	26.6%
I 工艺美术、科学技术、工业与教育	594	129	21.7%
D 建筑物、房屋、家庭、服装、财物与个人护理	1035	247	23.9%
L 空间与时间	1267	368	29.0%
C 人与家庭	2231	428	19.2%
B 身体及其机能与健康	1120	243	21.7%
A 生命与生物	890	171	19.2%
E 食物、饮料与农业	684	171	24.0%
J 数字、计量、货币与商业	1055	279	26.4%
G 思想与交际，语言与语法	1680	432	24.7%
H 物质、材料、物件与设备	1093	341	31.2%
K 娱乐、运动与游戏	1076	255	23.7%
M 运动、位置、旅行与运输	1396	372	26.6%

本研究利用苏新春（2005）对《朗文》释词与《朗文分类》词目一级义类语义项的统计数据，按两部词典中各义类的数量与词典元语言词汇的总义项数目之比计算出比值，以便与《英汉词典》词目进行对比，结果见表 5-4。

表 5-4 《英汉词典》词目、《朗文分类》词目、《朗文》释词一级义类对比

	《英汉词典》词目	《朗文分类》词目	《朗文》释词
1	C 13.466%	C 13.077%	N 12.137%
2	N 10.601%	G 9.848%	G 10.026%
3	G 10.258%	N 9.525%	C 9.933%
4	F 10.234%	M 8.183%	M 8.633%
5	A 9.842%	F 7.702%	L 8.545%
6	L 7.908%	L 7.427%	F 8.123%

续表

	《英汉词典》词目	《朗文分类》词目	《朗文》释词
7	H 7.088%	B 6.565%	H 7.914%
8	M 6.500%	H 6.407%	J 6.475%
9	J 4.766%	K 6.307%	K 4.918%
10	B 4.668%	J 6.184%	D 4.732%
11	D 4.830%	D 6.067%	B 4.639%
12	E 3.073%	A 4.127%	A 3.968%
13	I 2.705%	E 4.009%	E 3.968%
14	K 1.616%	I 3.482%	I 2.994%

从表 5-4 可见,《朗文分类》词目及《朗文》2000 释词的一级语义所占比例中,排在前 3 的都是 C(人与家庭)、G(思想与交际,语言与语法)和 N(泛指词与抽象词)。其中 G 类都是排在第 2 位,这说明两部词典都具有很强的学习性。《朗文分类》中 C 类排在第 1 位,N 类第 3 位,而《朗文》中次序相反,N 类最多,C 类在《朗文》中排在第 3。苏新春(2005:14)计算得出《朗文》中 C 类词数与《朗文分类》中 C 类词数的比值是 19.2%,认为《朗文》中 C 类最少,显然他的计算是不合理的,没有考虑到某类词在所在词典中所占的比值。两部词典中比例最低的为 E 类和 I 类,各语义类分布较为均匀,大多数语义所占比例集中在 9%-5%之间。

《英汉词典》词目与《朗文分类》词目及《朗文》释词中,前 3 位都是 N、C、G 这三类,只是次序略有差别,《英汉词典》词目的 G 类排在第 3 位,比例略低于《朗文分类》和《朗文》,但也超过了 10%。G 类词汇是关于思想与交际、语言与语法的,显示出马礼逊词典具有较强的学习型词典性质。《英汉词典》词目与《朗文分类》词目和《朗文》释词比例相差最大的是 F 类和 K 类,后两部词典中 F 类和 K 类都超过 7% 和 6%,低于 10%;《英汉词典》词目中 F 类所占比例超过 10%,而 K 类都在 2% 以下。由此可见,相比于娱乐、运动与游戏类表述物质文化类的词语,马礼逊更为关注中国人的内心情感世界,用以说明和描述精神文化的译义元语言词汇更为丰富。

5.1.4 《华英字典》一级义类语义分布特点小结

以上对马礼逊三部分词典 14 大类的一级语义分布进行了考察，并与《英汉词典》词目、《朗文分类》词目和《朗文》释词进行了对比。总体上来看，《华英字典》三部分词典的译义元语言语义类别比值具有很大的一致性，其中表示人的社会关系、人际交往及人的内心世界的词语所占比例较高，表明整个词典中对这些内容涉及较多，体现了编者马礼逊对中国文化中的制度文化和精神文化比物质文化更为关注。

考察译义元语言系统的特点，仅对一级义类进行调查是远远不够的，还需要进一步考察和分析二级义类和三级义类的情况。比如表达人与家庭的 C 类中，又进一步分为表达婚姻家庭的、友情的、政府的、社会阶层的、法律事务的，以及宗教与信仰等二级语义类别，这些类别在《华英字典》各部分词典中有什么分布特点，各二级义类词语与其解释和说明的汉语有什么样的对应关系，构成了什么样的语义网络等，都需要进一步考察。

5.2 《华英字典》译义元语言二级义类语义分布特点

《华英字典》译义元语言词汇的 14 个一级义类又进一步分为若干二级义类，每一大类中的二级义类所占比例分别见以下 14 个表格。从三部分词典各二级义类所占的比例，可进一步了解译义元语言的语义分布特点，从而对译义元语言系统的层次性特点有更具体的认识。

5.2.1 二级义类语义分布特点

双语词典原语语言文化是通过译义元语言来构建的，以下表 5-5 到 5-18 是对《华英字典》三部分词典中 14 个一级义类的各二级义类词语分布情况的对比，百分比表示二级义类义项数占其所属一级义类的总义项数的比值。如表 5-5 中，《英汉词典》“鸟类”的比值是 6.079%，表示“鸟类”的译义元语言词汇义项数占 A 类“生命与生物”总义项数的比例是 6.079%。从各二级义类的比值可进一步了解译义元语言系统内部的层次特点。

表 5-5 《华英字典》A 类的二级义类分布(%)

A 生命与生物	词目	《英汉词典》	《五车韵府》	《字典》
生命与生物	10.572	11.718	16.786	19.549
生物	3.731	4.405	8.452	7.948
动物/哺乳动物	12.189	11.013	14.119	19.764
鸟类	6.219	6.079	6.19	7.304
爬行与两栖	1.617	1.5	1.786	2.148
鱼及其他水生动物	7.587	6.696	2.619	3.008
昆虫与同类生物	6.716	6.784	4.862	4.156
动物各部分	4.104	4.463	10	9.345
植物种类及各部分	12.438	14.097	14.643	14.038
植物(总称)	34.826	32.07	20.714	16.112

由表 5-5 可知,《英汉词典》的 A 类中,关于植物的二级义类词语最多,"植物种类及各部分"和"植物(总称)"占 A 类英语词义项的总和超过 46%,这一比例与《英汉词典》词目中对应的两类比值接近。三部分词典中,"鸟类""爬行与两栖""昆虫与同类生物""植物种类及各部分"名称的比例接近。"植物(总称)"类词语,《英汉词典》比两部汉英词典分别多出近 12%和 16%,这可能是因马礼逊对中国的植物,特别是中药比较重视,因而收入的植物名称较多,关于植物类的英语自然也相应较多;汉英词典中"植物(总称)"类词语相对较少,可能是受所依据的《康熙字典》等蓝本字典影响,这些单语的汉语字典中植物类词语所占比例本身就较少。但《英汉词典》中,"生命与生物""生物""动物/哺乳动物"以及"动物各部分"的英语词汇比例明显比汉英词典少,尤其比 3 卷本《字典》的少,只有其一半左右。而《英汉词典》中,表示"鱼及其他水生动物"的英语词汇比例却比汉英词典高 2 倍多,这可能是因为马礼逊的英国背景,英国是个海洋国家,英语词汇中鱼类及水生物比较丰富,马礼逊的选词受其自身文化背景的影响。

表 5-6 《华英字典》B 类的二级义类分布(%)

B 身体及其机能与健康	词目	《英汉词典》	《五车韵府》	《字典》
身体(总称)	4.8.368	4.445	4.106	4.8.384
人体:总体	4.4	4.278	3.736	4.192
头部与脸部	8.423	8.234	7.223	6.023
躯干、双臂与双腿	14.767	14.238	13.325	13.084
皮肤、肤色与毛发	4.104	3.718	4.11	4.361
体液与体内废物	4.104	3.453	3.487	3.842
身体状态与相关活动	11.447	12.75	16.065	17.965
身体状况	21.382	20.053	22.914	22.222
疾病与身体不适	11.015	9.429	9.465	7.684
医疗与护理	13.391	14.077	14.57	14.642

三部分词典中二级义类英语词所占比例相差不大。“身体状况”类比例最高,各词典都超过 20%。“躯干、双臂与双腿”各词典都超过 13%。其次是“身体状态与相关活动”“疾病与身体不适”“医疗与护理”这 3 个二级义类所占比例较高,再加上“身体状况”类,这 4 类在 B 类中的总比例超过 60%,可见马礼逊对于人的身体及健康程度的关注,这也从一个侧面反映了基督教传教士在中国的行医传教策略。

表 5-7 《华英字典》C 类的二级义类分布(%)

C 人与家庭	词目	《英汉词典》	《五车韵府》	《字典》
人	11.818	10.824	10.817	11.156
求爱、性行为、婚姻	4.454	3.901	3.863	4.517
友情与敌意	4.727	4.055	4.415	4.472
死亡与埋葬	3.091	2.308	3.256	2.62
群体与地域中的社会组织	7.091	8.022	7.947	7.362
政府	4.245	4.769	6.181	6.188
政治与选举	1.182	1.319	1.711	1.49
政治紧张与动乱	2.909	3.681	4.274	4.381

续表

C 人与家庭	词目	《英汉词典》	《五车韵府》	《字典》
社会阶层与境遇	9.636	8.516	9.161	9.395
一般法律与秩序用语	4.091	6.593	7.174	7.317
法院与法律事务	6.091	4.934	4.846	4.646
警察、保安部门、罪行与犯罪	7.818	7.527	8.443	7.769
监狱与刑罚	3	3.736	3.753	3.659
战争、防御与军队	4.273	4.385	10.32	7.317
武装部队	2.818	2.692	4.249	3.568
宗教与信仰	18.455	18.736	13.687	13.144

C类的二级义类按主题可大致分为人际关系、政治、法律、军事及宗教与信仰等方面，其中人际关系包括“人”“求爱、性行为、婚姻”“友情与敌意”“死亡与埋葬”“群体与地域中的社会组织”“社会阶层与境遇”这几类；政治包括“政府”“政治与选举”“政治紧张与动乱”；法律包括“一般法律与秩序用语”“法院与法律事务”“警察、保安部门、罪行与犯罪”“监狱与刑罚”等；军事包括“战争、防御与军队”“武装部队”；“宗教与信仰”。从文化的物质文化（或实体文化）、规范文化（或制度文化）和精神文化的三分法来看，C类中大部分二级义类属于规范文化，而宗教与信仰的二级义类则是规范文化和精神文化兼有。从比例上来看，各部分词典中人际关系类的译义元语言词语最多，超过35%，法律主题的也多，超过20%，宗教信仰等超过13%，而政治类和战争类相对较少。三部分词典中，二级义类比例差别较大的是“战争、防御与军队”和“武装部队”，《英汉词典》中“战争、防御与军队”只有5%多，且立为词目的较少，而3卷本《字典》中超过10%，这一方面可能是马礼逊对这类词语的关注较少，因而《英汉词典》中相应的英语就少；另一方面可能是中文词典中这类词语原本较多，汉英词典中解释的英语词汇因而也相应多一些。宗教与信仰类，《英汉词典》与《英汉词典》词目的比例接近，比两部汉英词典各多了5%以上。虽然汉英词典中表示宗教类的英语词汇也不少，但比例要少于《英汉词典》。这表明作为传教士的马礼逊对宗教较为关注，《英汉词典》中选词立目有更大的自主权，因而收录了更多的宗教词汇。

下文对宗教信仰的三级义类的进一步分析可以发现，马礼逊在《英汉词典》中虽也收录了一些基督教词汇，但更多的是中国儒释道及伊斯兰教等词汇。基督教、儒教、道教、佛教、伊斯兰教等宗教用语词汇的比例，各包括哪些词汇，下文将结合词典文本对三级义类进一步分析。

表 5-8 《华英字典》D 类的二级义类分布（%）

D 建筑房屋家庭服装财物个人护理	词目	《英汉词典》	《五车韵府》	《字典》
建筑、房屋、建筑物	4.75	4.997	4.029	6.448
房屋组成	17	14.342	17.193	17.063
房屋周围及附近	1.25	1.255	1.871	1.587
居住	6.5	7.113	7.719	6.548
属于与拥有、得到与给予	27.75	33.333	38.012	32.242
家具与室内设备	9.75	7.81	8.07	6.845
衣物与个人用品	19.5	17.713	20.468	17.361
清洁与个人护理	12.5	11.437	14.035	11.905

D 类主要是关于人的衣食住行中的“住”及“衣”。“房屋组成”“居住”“家具与室内设备”“衣物与个人用品”“清洁与个人护理”都是关于人的物质生活的词语，这几个二级义类的比例均超过 7%。而比例最高的二级义类为“属于与拥有、得到与给予”，占比超过了 30%，这些词汇大多是关于个人权益及与他人在物质方面关系的元语言词汇，与人的物质生活及交往密切相关。D 类的二级义类中，名词、形容词和动词词性都有，其中“居住”与“属于与拥有、得到与给予”中动词比较多，而“清洁与个人护理”中，形容词比较多。词汇根据主题而不是语法功能来进行分类，可以从各个侧面更为全面地了解某一方面内容的译义情况，不至于因词性的不同而忽略了某一方面的描述内容。

表 5-9 《华英字典》E 类的二级义类分布（%）

E 食物、饮料与农业	词目	《英汉词典》	《五车韵府》	《字典》
食物（总称）	24.1	27.889	33.613	33.212
食物	29.084	24.874	19.118	19.964

续表

E 食物、饮料与农业	词目	《英汉词典》	《五车韵府》	《字典》
饮料	7.968	6.784	6.933	7.26
香烟与毒品	4.976	4.523	3.571	3.811
食品制作与质量	11.952	11.809	11.134	13.067
食品、饮料相关的场所及人	1.195	1.005	1.68	0.907
农事	18.725	20.854	23.95	22.779

E 类是关于人类衣食住行中的"食",与食物来源有关的农事也归入此类。二级义类中,食物(总称)、具体食物以及农事的词语均达 19% 以上,最多的是"食物(总称)",这也是可以理解的,因为对一种食物的认知最先要了解的大概就是它的名称了。食物的制作与食物质量方面的词语也超过了 11%。

表 5-10 《华英字典》F 类的二级义类分布(%)

F 感觉、情感、态度与知觉	词目	《英汉词典》	《五车韵府》	《字典》
一般感觉与行为	7.536	8.699	8.182	7.893
喜欢与不喜欢	7.656	8.288	8.182	8.098
好与坏	9.45	8.904	8.667	8.098
快乐与悲伤	12.081	12.329	11.091	11.584
愤怒、暴力、压力、镇静、安静	6.1	4.274	6.727	6.407
害怕与勇气	7.057	6.918	7.636	7.634
钦佩、骄傲、鄙视与辱骂	10.287	8.63	9.273	8.457
仁慈与不仁慈	8.493	6.986	7.091	6.048
老实、忠诚、诡计与欺骗	10.766	12.055	11.697	11.174
轻松、兴奋、兴趣与惊讶	4.622	6.644	6.424	7.688
与情感变化有关的面部动作	2.512	2.534	2.424	3.075
官能与感觉	12.44	12.26	12.606	13.326

F 类大部分是关于人的情感态度的词语,包括人的情感、感觉、知觉

以及对人的评价等。人与人之间的交际若要顺利进行，对他人精神世界的了解是非常必要的，而要与异文化中的人顺利交际和沟通，对其情感、情绪、态度等的了解和洞察就更为重要。马礼逊编纂词典的目的是帮助西方文化背景的人学习汉语言文化，从而向中国人传教，自然很重视人的情感态度，表现在译义元语言上，F 类的英语词汇在 14 大类中所占比例较高，三部分词典中的 F 类词汇比例都排在了第 4 位。三部分词典中各二级义类的比例相差不大。F 类中表示人的情感和情绪的词语总计超过 30%，包括"快乐与悲伤""愤怒、暴力、压力、镇静、安静""害怕与勇气""轻松、兴奋、兴趣与惊讶""与情感变化有关的面部动作"，等等；表示人的品行的总计为 18% 左右，有"仁慈与不仁慈""老实、忠诚、诡计与欺骗"；对人或物的评判为 25% 左右，包括"喜欢与不喜欢""好与坏""钦佩、骄傲、鄙视与辱骂"；其余为人的感觉，包括"一般感觉与行为""官能与感觉"。

表 5-11 《华英字典》G 类的二级义类分布（%）

G 思想与交际，语言与语法	词目	《英汉词典》	《五车韵府》	《字典》
思考、判断与记忆	11.456	11.863	11.779	12.975
知道与学习	13.126	12.25	14.218	13.213
说话联络	36.874	39.587	39.5	40.827
读写、出版等交际	14.274	14.087	14.277	13.973
通讯与信息	4.177	4.191	4.402	4.183
语言	4.25	6.254	6.782	6.6543
语法	1.79	2.708	2.736	2.614
一般语法用词	10.859	7.35	9.042	10.314

与异文化中的人交往，对其思维方式、语言特点、交际方式等的理解和学习是必不可少的重要内容。G 类是关于人的精神世界、思维方式、人与人交际的语言及其他手段等方面的词汇，在《华英字典》三部分词典元语言的 14 个一级义类中都排在第 2 位，足可见马礼逊对这部分内容的重视程度。三部分词典中的二级义类"说话联络"所占比例最高，均超过 39%，"读写、出版等交际"词语所占比例也在 14% 以上，两类有关交际

的词语比值总和超过 50%，突显了《华英字典》的学习词典特性。关于马礼逊如何用译义元语言来描述和说明汉语语言、中国人的思维方式、学习、交际方式等，还需要对这些词语在具体词典文本中的使用进一步分析。

表 5-12 《华英字典》H 类的二级义类分布(%)

H 物质、材料、物件与设备	词目	《英汉词典》	《五车韵府》	《字典》
物质与材料(总称)	11.744	14.098	19.917	20.384
物件总称	13.99	14.118	14.224	14.082
特殊物质与材料	43.869	34.98	33.577	31.444
设备、机器与仪器	8.981	9.216	8.863	9.689
工具	9.154	8.235	8.968	10.238
容器	6.045	4.686	6.674	7.13
电与电器设备	0.864	0.686	0.834	0.822
武器类	4.354	4.000	4.944	4.21

H 类是关于物质和材料的词语，属于物质文化或实体文化。物质文化体现人与自然的关系，它包括所有用以满足人的各种生理和生存需要的、经过加工的自然物品和人造物品；还包括用以生产这些物品的生产工具和生产手段。对物质文化，我们不仅应关注它的物质性的表象，还应关注它的文化内涵，即人文特征和民族特色。(刘守华 1992: 3)对此类词语的考察有助于分析马礼逊对中国物质性现象背后的文化内涵的认知及关注程度。

表 5-13 《华英字典》I 类的二级义类分布(%)

I 工艺美术、科学技术、工业与教育	词目	《英汉词典》	《五车韵府》	《字典》
制造东西	46.606	44.862	46.591	44.849
艺术与工艺	20.362	16.996	17.992	17.433
科学与技术	4.43	6.324	4.871	7.29
工业与工作	14.027	16.403	14.152	14.23
教育	13.575	14.229	14.394	14.897

《华英字典》三部分词典译义元语言 14 个一级义类中,I 类是所占比例最少的三个之一。从《朗文多功能分类词典》二级义类的内容来看,“制造东西”“艺术与工艺”“科学与技术”“工业与工作”这 4 项属于物质文化中的生产行为和技艺,“制造东西”的比例最高,其次是“艺术和工艺”,而“科学与技术”则是最少的。这或许一方面是因为 19 世纪初中国的科技水平相对低下,这种状况也反映到词典中;另一方面可能是因为马礼逊本人对科技不是特别关注。“教育”类归属 G 类中的二级义类“知道与学习”或许更为合适。

表 5-14 《华英字典》J 类的二级义类分布(%)

J 数字、计量、货币与商业	词目	《英汉词典》	《五车韵府》	《字典》
数与量	21.868	17.17	18.615	16.104
数学	21.656	18.863	14.692	16.329
计量	4.945	7.497	8.77	8.784
货币	3.609	4.111	4.000	4.279
银行业、财富与投资	12.951	13.059	16.615	13.176
商业	19.108	18.501	18.308	19.032
购物与一般消费	4.308	4.262	4.8.323	4.068
职业、工作与雇佣	9.554	13.543	13.077	17.23

J 类主要是关于统计、商业或金融的。二级义类中,“数与量”“数学”的比例都较高,在《英汉词典》中的比例要高于两部汉英词典,而在《英汉词典》的词目中这两类所占比例是最高的,显示出马礼逊对数学及统计的关注。明末来华的利玛窦等耶稣会士重视向中国人宣传西方数学成就,马礼逊继承了这一传统。银行业、商业也是比例较高的二级义类,这也许与马礼逊来华后任职英国东印度公司广州商馆的经历有密切关系。英国东印度公司自 17 世纪初就开展对华直接贸易,18 世纪末,英国东印度公司在获得对华贸易专权后,为拓展商务,更为重视了解有关东方的一切,然而长期以来缺乏中文翻译人才,在商业交往中只好依赖行商和通事。东印度公司赞助《华英字典》的出版,其实也是为东印度公司自己的商业利益着想。《华英字典》中商业词汇较多,部分原因是为了

满足从事贸易的西方汉语学习者的需求。

表 5-15 《华英字典》K 类的二级义类分布(%)

K 娱乐、运动与游戏	词目	《英汉词典》	《五车韵府》	《字典》
娱乐(总称)	13.636	14.841	12.95	14.205
音乐及有关的活动	28.03	27.092	28.777	26.42
录音、听收音机等	1.515	1.195	1.799	2.273
戏剧、剧院与表演业	12.121	11.952	13.669	13.92
运动与比赛(总称)	11.364	10.757	14.108	14.057
儿童游戏与玩具	3.788	4.382	3.957	4.261
户外运动	20.25	23.506	20.503	20.455

K 类是马礼逊词典 14 个一级语义类中所占比例最小的一类。《朗文多功能分类词典》中的二级义类有录音机、收音机，但因为时代的原因马礼逊词典中没有这类词语出现。K 类中，音乐及有关活动的词语最多，其次是户外运动、娱乐及戏剧类。

表 5-16 《华英字典》L 类的二级义类分布(%)

L 时间与空间	词目	《英汉词典》	《五车韵府》	《字典》
宇宙	11.3	9.871	7.212	6.52
光与颜色	11.3	11.9	14.072	14.405
天气与温度	12.848	11.993	13.896	13.116
地理	16.873	16.144	19.261	18.954
时间(总称)	12.848	14.668	14.512	14.315
开始与结束	10.681	12.823	13.105	6.141
新旧与老少	4.334	4.166	4.849	4.231
时间段落与其计量	9.598	8.579	4.825	7.43
与时间相关语法词汇	10.217	7.288	8.267	4.307

L类是描述时间和空间的词汇，其中地理、时间、天气等二级义类所占比例较高。分析《华英字典》中描述宇宙、色彩、时间等所用的英语词语及其中文对应的词语，可以考察中西方对宇宙、色彩、时间等概念理解和感知的异同。

表5-17 《华英字典》M类的二级义类分布(%)

M运动、位置、旅行、运输	词目	《英汉词典》	《五车韵府》	《字典》
运动与来去	38.983	41.25	44.435	42.825
放与拿，拉与推	14.689	14.75	16.61	16.938
旅行与参观	4.143	4.623	4.223	4.251
陆上交通工具与运输	4.461	4.248	4.809	4.251
地方	8.286	8.154	7.791	7.249
船舶	8.286	6.186	4.822	6.583
航空器	0.942	1.406	1.37	1.405
位置与方向	19.209	17.151	14.041	14.5

M类是表示位置移动类的词语，属于人的衣食住行中的"行"。《朗文多功能分类词典》按语义分类，M类词语中既有表示位置移动的动词，也有表示实现位置移动的工具以及位置移动者的名词，还有表示位置与方向的副词与介词。按语义分类的做法使语义相同但词性不同的词汇相对集中，这样有利于考察语义的关联性。如按语法分类原则，这些语义相关的词将会分散在不同的类别中，比如"地方"与"运动与来去"分属名物词与述谓词，不便于考察两类词的语义关联性。

表5-18 《华英字典》N类的二级义类分布(%)

N泛指词与抽象词	词目	《英汉词典》	《五车韵府》	《字典》
存在、变成与发生	7.39	8.179	6.963	7.603
可能性、机会与必然性	8.314	6.965	4.926	6.074
一般的、平常的、不平常的	8.891	7.732	7.852	6.677

续表

N 泛指词与抽象词	词目	《英汉词典》	《五车韵府》	《字典》
尺寸、重要性与可得性	13.741	10.326	11.21	11.183
做事	7.506	8.115	8.988	8.286
导致	4.774	7.348	7.731	7.683
相似、不同与变化	6.236	6.262	6.37	6.114
正确、公平、目的、用途与力量	9.122	8.307	10.123	9.936
满、重、厚、硬与粗糙	7.506	7.604	8.79	9.09
行动与位置	7.159	8.18	8.642	8.809
切割、连接、打碎与毁坏	11.316	11.502	10.519	11.183
显示、隐藏、寻找、救援与类似词	7.044	7.604	7.259	7.361

N 类比较特殊，是一些不易归到其他类别的抽象词或泛指词，在两部汉英词典 14 个一级义类中的比例都是最高的，《英汉词典》中的 N 类比例略低，排在第 2 位。N 类的 12 个二级义类的语义没有什么关联。对 N 类中表示抽象的评价或泛指义的词语进行分析，可以考察编者马礼逊对中国人和事物的观点和态度。

5.2.2 二级义类语义分布调查小结

双语词典的原语语言文化是通过译义元语言来构建的，通过对《华英字典》三部分词典各二级义类词语分布情况的对比与分析，可进一步了解译义元语言系统内部的层次特点。比如，三部分词典 C 类的二级义类中，表示宗教与信仰的词语比例都较高，其中又以《英汉词典》中的比例最高。宗教信仰类译义元语言词汇比例较高，说明词典中对宗教信仰类的描述和阐释较多，这是与马礼逊的传教士身份相符的，他来华的目的就是向中国人传播基督教，以使中华归主。但一级和二级义类的语义分布并不能体现词典中涉及了哪些宗教信仰类词汇及其在词典文本中的具体表现，因而需要结合词典文本对二级义类下的三级义类进一步考察。

5.3 三级义类中译义元语言词汇的考察，以 C 类为例

对译义元语言的一级和二级义类语义分布的调查，只是对各义类中译义元语言词汇的义项数据的静态统计，难以揭示具体译义元语言词汇在词典中如何构建原语意义的动态情况，因而对译义元语言系统的认识是不全面的。译义元语言词汇二级义类下的三级语义分布是结合具体词汇的词频进行的，对属于同一语义类别的词汇按词频排序，有利于进行同一义类词汇的比较，便于选择相对频率较高的词进一步研究。苏新春(2005:225)指出，频率调查不仅仅指调查一个词在总释词中的绝对频率，还包括了解这个词在同一义类中的相对频率，而相对频率的调查只能在语义分布调查之后才能进行。甚至可以说，在同一义类的比较中，相对频率更有说服力。

本研究通过 AntConc 软件提取到的《华英字典》译义元语言的词频是绝对频率，反映了译义元语言词汇在整个元语言词汇系统中出现的次数。但要准确反映一个词的真实使用状况，需要了解它在同一义类中的相对频率。如《英汉词典》中 horse 这个词，在《英汉词典》元语言词表中的绝对频率为 56，排在所有译义元语言词汇的第 249 位，从绝对频率来看，并不算特别高频的词。但在 A 类的二级义类“动物/哺乳动物”的三级义类“人与猴子”“马与同类动物”“牛与同类动物”“猫与同类动物”“狗与同类动物”“野生动物”等中，horse 的词频排在第 1 位，是“动物/哺乳动物”二级义类中的高频词。

对三级义类的分析是在一级和二级语义分布调查的基础上进行的。本章将选择部分三级义类词语进行考察。C 类“人与家庭”是《华英字典》中表现人与人之间关系的一大义类，在三部分词典中 C 类的比例都非常高，表明编者马礼逊对中国人与人之间关系的关注。这一类别大部分词语都是关于制度文化或规范文化的，涉及家庭中的人和社会中的人，反映人的家庭生活和社会生活的规范。下面选择 C 类中二级义类“群体与地域中的社会组织”下的三级义类“组织中的人，人口，人民”，以及二级义类“宗教与信仰”下的三级义类“宗教教派”及“神”进行分析。

5.3.1 三级义类“组织中的人，人口，人民”

此义类中大多为表示国家和地域的名词，有中国、中国城市，也有外国国名、地名等。表 5-19 中各词语按频率由高到低排列，限于篇幅，只列出三部分词典中频次 5 及 5 以上的词语，并从表中选择频次较高的几个译义元语言词语分析。

表 5-19 三级义类“组织中的人，人口，人民”

	《字典》	频次	《五车韵府》	频次	《英汉词典》	频次
1	Chinese	658	Canton	510	Chinese	364
2	country	327	Chinese	472	China	132
3	China	301	country	215	Canton	76
4	nation	122	China	201	country	54
5	Canton	109	Peking	64	European	36
6	Peking	78	nation	63	Tartar	32
7	Tartars	62	Tartar	42	Peking	25
8	Tartar	61	European	38	Tartars	22
9	nations	54	Tartars	37	nation	21
10	European	43	English	25	Europeans	15
11	English	23	nations	25	English	14
12	Europeans	20	Europeans	23	Europe	12
13	Corea	17	Macao	19	Macao	12
14	Europe	16	India	18	nations	10
15	India	16	Europe	15	Indian	8
16	metropolis	13	Corea	14	Roman	7
17	population	12	Tartary	13	metropolis	6
18	countries	12	French	12	population	6
19	Honan	9	metropolis	11	Corea	5
20	Macao	9	population	10	French	5
21	Roman	7	Indian	8		
22	Tartary	7	Asia	6		

续表

	《字典》	频次	《五车韵府》	频次	《英汉词典》	频次
23	Indian	7	England	6		
24	Asia	6	countries	5		
25	Japan	5	Dutch	5		
26	Japanese	5	Japan	5		
27	Romans	5				

上表中的词语主要是关于国家(地区)以及民族中的人,如表示国名的 China、Corea、India、England、Japan 等,以及国名的名词或形容词形式 Chinese、Indian、English、Japanese、French、Dutch 等;地区名 Europe、Asia、Canton、Macao、Peking、Honan 等;民族如 Tartar、Tartars 等;国名或人口总称如 country、population 等。译义元语言 C 类的三级义类"组织中的人,人口,人民"中 China、Chinese、Europe(an)、Canton、Peking、Macao、Tartar 等频次较高,涉及中国及中国广东、澳门、北京等内容,而 European 则涉及了中国与西方的对比。下面选择几个高频词汇 Chinese、China、Canton、Peking、European 来考察。

5.3.1.1 《华英字典》中的 Chinese

Chinese 的频次在《字典》和《英汉词典》中都排在第 1 位,在《五车韵府》中排在第 2 位。《华英字典》中的 Chinese 有"中国人;汉语;中国的"这几个语义,文本考察发现其中指"中国人"之意的居多。如果加上指代 Chinese"中国人"的指示代词 they,词典中明确提到中国之处更多。在介绍中国人对某个词语或句子表达的含义或对某事某物的看法时,马礼逊经常用代词 they 与动词 say、define、call、express、use 等搭配,来提示词典用户注意中国人关于某词的解释或对某事的观点。如《字典》第 1 卷"世"条目中的"此世,前世,先世,来世",马礼逊指出其表达的是中国人的轮回观念:

> 此世 "This life "前世 or 先世, "The former life "来世" The life to come." These expressions are to be understood according to the Chinese notions of a Metempsychosis. The former life; and, the life to come; generally denote a former and a future existence in this world.

《字典》第 1 卷“丙”条目下，有这样一段对中国人的世界形成观的评价：

> 从一入门一者阳也门者门也“Formed from Yih, entering Keung. One is the yang, keung the door of the universe.” (Shwo wan.) There is nothing more unsatisfactory and unintelligible about the Chinese, than their theories of the formation of the world.

马礼逊从基督教的视角对《说文解字》中“丙”字的解释加以评论，认为其中体现的中国人的世界形成观不正确，让人非常不可理解，隐含的意思是中国人的创世观是异端，因而需要接受基督教的创世观。对“丙”字的阐释和评论表明了马礼逊对中国文化的鲜明态度。

《五车韵府》“红”条目下的“红毛”一词，介绍了广东人“红毛”称谓的所指：

> Hung maou 红毛 a nickname, applied first to the Dutch, and afterwards to the English, by the Chinese of Canton.

再如《英汉词典》HOLY 条目中的 Holy Spirit，指出汉语“圣神，圣风”无法向中国人传达基督教内涵：

> Holy Spirit, is expressed by 圣神, and 圣风; but the words do not convey to the Chinese the Christian idea.

《英汉词典》AGE 条目中，使用 Chinese 及其指示代词 they 等译义元语言介绍了中国人对不同年龄段不同身份者年龄的问法、书面语中不同年龄段、对 60 岁以上老人的称呼，帮助西方汉语学习者认知中国人年龄表达的相关知识(下画线为笔者所加，下同)：

> What is your age? is a question often put by the Chinese, and expressed in different ways, as 你多大年纪；贵庚多少? These are considered

> elegant expressions, and are addressed to elderly people or superiors. To young people and inferiors they say, 你多少年纪? 你几多岁? To old men they say,你老人家有几高的寿呢? Old gentleman how far are you advanced in years? In books, 幼年 expresses youths of fifteen or sixteen years of age. 弱冠, from sixteen to about twenty-five, 壮士 from thirty to thirty-six. 寿 expresses a person of sixty. Amongst old people they have three degrees,下寿;中寿;上寿 The first is about sixty;the second about eighty, and the third approaching a hundred.

AGE 条目中,they say 中的 they 指代词条中的 the Chinese。《华英字典》中还有多处指代"中国人"的 they 在条目中并不出现前指 the Chinese,如《五车韵府》中的"笔" 和《字典》卷 1 中的"下"条目中的 they:

> 笔 8516 From *bamboo* and *a pencil*. A pencil or other instrument for writing with;the European pen they call 鹅毛笔
>
> 下 HÈA. (笔画分解略) Below, inferior, mean, vulgar. Heá, to descend, to cause to descend. They define it by 在下之下对上之称"The below of being below;the opposite of above."

上述两个条目中的 they 都没有出现前指 the Chinese,表明马礼逊是与心目中的西方词典用户进行对话,中国人是他与用户双方都明确的谈话对象,不需要再特别指出。第七章将对这类明示编者与词典用户关系的译义元语言进一步分析。

5.3.1.2 《华英字典》中的 China

China 在 3 卷本《字典》《五车韵府》和《英汉词典》中的三级义类"组织中的人,人口,人民"中,出现的频次分别排在第 3、第 4 和第 2 位,主要用以提示对中国的介绍或与外国对比。如《英汉词典》中对"十恶不赦"的介绍:

> There are ten unpardonable crimes in China called in their law books.
>
> 1.谋反 plotting the subversion of the (throne and) the altar.

2.谋大逆 plotting great rebellion, such as laying in ruins the tombs of emperors, or their palaces.

3.谋叛 to plot deserting one's mother country, and going over to another nation.

4.恶逆 to meditate the murder of a grandfather or grandmother; of a father or mother.

5.不道 to murder or mutilate a whole family.

6.大不敬 to steal the vessels used in sacrifice at the imperial temple, to steal things belonging to the emperor; to make a false imperial seal; to mix medicines for the emperor, otherwise than directed in the prescription, & c.

7.不孝 undutifulness to parents, which includes abusing grandfather or grandmother; not providing for one's parents; not mourning for their death; marrying during the period of mourning.

8.不睦 quarrels amongst kindred; and crimes committed between superiors and inferiors of the same family; a wife's accusing her husband to government, & c.

9.不义 people killing their magistrates; inferior officers killing their superiors, & c.

10.内乱 inrestuous intercourse amongst members of the same family, by which they resemble 禽兽, the brutes. These are according to law, the 十恶不赦 unpardonable ten wickednesses.

这是从伦理角度利用译义元语言来介绍中国“十恶不赦”的具体内容,包括对君王和上级、对家中长辈、对家庭成员的不敬、不孝、不义等恶行。从这些介绍中,西方读者可以了解到中国人对君王、对上级、对家庭哪些规范是不能触犯的,从而对中国的规范文化或制度文化有一定的认知。

5.3.1.3 《华英字典》中的 Canton

Canton 也是个值得注意的译义元语言词语,在三部分词典中频率都比较高,在《字典》《五车韵府》和《英汉词典》的译义元语言“组织中的人,人口,人民”三级义类中,分别排在第 5、第 1 和第 3 位。Canton 在《五车韵府》中排在第 1 位,共出现 510 次,条目中有 125 次,另有 385 次是 Canton Dialect 的固定搭配,出现在每个音节的发音说明下;在《英汉词典》中排在第 3 位,出现 56 次;在 3 卷本《字典》中排在第 5 位,出现 109 次。Canton 一词在三部分词典的《五车韵府》中出现频率最高,大都涉及商贸方面的内容,如:

西瓜扁船 a chop-boat; i.e. in the jargon of Canton, a boat employed as a lighter to carry cargo to and from the ships.

怡和 name of the Senior Hong Merchant, at Canton.

番鬼 an opprobrious epithet applied by the people of Canton to Europeans.

行商 a wholesale merchant; or one belonging to a company licenced by the government, such as those at Canton for foreign trade; who are called 洋行商 a Chinese merchant, engaged in European or foreign trade, at Canton

夷馆 the rooms of European Companies at Canton are so called.

Canton 在三部分词典,特别是《五车韵府》中的高频出现与马礼逊本人在东印度公司广州商行的经历有关,也与其词典编纂动机相关。编纂汉语词典首要目的固然是为了帮助来华传教士学习汉语,还有一个重要目的则是帮助与中国有贸易交往的欧洲商人学习汉语,而这也是东印度公司出资赞助马礼逊编纂和出版词典的主要动机。但与中国有贸易交往的商人对中国文化的详细介绍并不感兴趣,他们只需要实用方便的词典。广东是中国与西方进行贸易的主要地点,对广东情况较为翔实的介绍可以满足西方商人汉语学习者了解广东当地知识,从而与当地人顺利交际的需求。马礼逊自 1809 年便在东印度公司广州商行担任中文翻译,词典中对广东人同欧洲人接触的实例介绍,不少是马礼逊自身在广州生活工作中观察体验到的。《五车韵府》是在中断更为重视中国文化介绍的《字典》后编纂的,Canton 出现的频率比其他两部分词典更高,显示该部分词典更为注重实用性的特点。

5.3.1.4 《华英字典》中的 Peking

Peking 是《华英字典》中出现频率仅次于 Canton 的中国地名。在 3 卷本《字典》《五车韵府》及《英汉词典》中出现的频率相近,分别排在“组织中的人,人口,人民”三级义类中的第 6 位、第 5 位和第 7 位。北京作为清政府朝廷所在地，自然受到了编者马礼逊的重视。同 Canton 一词多涉及广州与欧洲之间商贸往来的内容不同，Peking 多涉及介绍北京的行政机构、气候、方言、日常生活等方面。词典中出现的北京相关的实例主要是如下几个方面：

北京的机构：
A national college at Peking 国子监./ The members of the 翰林院 Han lin college at Peking, somewhat resembles the academicians of France./ The six higher courts at Peking are called 六部.
北京的政令：
Gazette from Peking, in manuscript, is called 京抄./ Imperial papers, edicts, orders, and exhortations contained in the Peking gazette, are called 纶音.
北京的气候：
The climate of Canton is warm, that of Peking cold.
北京的方言：
In the Peking dialect they use urh 儿 instead of jih 日, thus Today, 今儿/ Peking dialect is loud, 北京话带响.
北京的风物：
LANE, 巷;街巷 in Peking called 胡同。

掌握一些关于中国政府的知识是西方与中国打交道的基础，Peking 一词的高频率体现了马礼逊及其他西方人迫切了解中国最高行政机构，并与中国政府高层直接沟通的愿望。

5.3.1.5 **《华英字典》中的 European(s)**

European(s)在《华英字典》中出现的频率也较高，在《字典》《五车韵府》和《英汉词典》的二级义类中分别排在第 10、第 8 和第 5 位，且常与 China、Chinese、they 等词共现，出现的语境大致可以分为：

(1)中国人对欧洲事物的中文表达，如《英汉词典》中，They call the European boats 三板 / When speaking of European's dinners, they say 食大餐 / The European night cap, they call,白帽 / CASK, the Chinese have none. They call the European,酒桶.

（2）介绍中国的事物，如《英汉词典》中对武夷茶的介绍：Woo-e, by Europeans called Bohea, is the name of a place in Fo-keen, from which black tea is chiefly brought.

面向母语者的单语词典中，编者通常从母语者角度对本国文化进行释义，而《华英字典》是面向西方汉语学习者的双语词典，马礼逊往往从文化对比的角度进行译义。

（1）指出中西文化不同，如《字典》第1卷中的“通奸”：

> 通奸 The Chinese not only differ from some European legislators, who would permit the adulterer and adulteress to marry, but they also differ from what, it is said, St Austin allowed, viz, for a woman to commit adultery with the consent of her husband; for they enact, that 凡纵容妻妾与人通奸本夫、奸夫奸妇各杖九十

词头“奸”下的“通奸”一词，给出了英语对应词 illicit intercourse; criminal conversation。但编者并不是仅仅给出对应词，还指出中国和某些欧洲立法者对通奸男女的两点不同做法：中国人不像欧洲那样准许通奸者结婚，同时在欧洲经丈夫同意时与人通奸是可以的，而中国凡纵容妻妾与人通奸，连奸妇的丈夫都一并受到惩罚。又如《字典》第1卷“学”条目中对于中西教育机构的比较：

> There is nothing in China answering to the European respectable schools or academies for the middle ranks. The national district colleges for 秀才 graduates, called 学宫 or 县学 and 府学 are managed in such a slovenly manner, that nobody attends except when the period of public examination comes round.

“学”条目中比较了中国与西方中等教育机构的情况，指出当时中国没有介于大学和初等学校之间的中等学校，同时地方大学与西方不同，不是固定的教学机构，而是考试的场所。这种比较意在向西方汉语学习者指出中国教育制度与欧洲的差异。

《字典》1815年第1卷"孚"条目中指出中西方对"在天"一词的不同理解：

> To an European reader, to say that persons dead were in heaven, would convey the idea of the soul's separate existence, and immortality; but the Chinese commentators endeavour to explain it as meaning something different, although they do not perceive clearly what it can mean.

这段话谈到《诗经》中"在天"一词的含义，马礼逊指出欧洲读者对in heaven与中国人对"在天"有不同的理解。对欧洲读者来说，in heaven是人死后进入天堂，传达的是灵魂与肉体的分离与不朽之意，而中国注经者的解释异于欧洲人的观点。

（2）指出中西文化的相似，如《字典》第1卷中的"道"，没有详细解释中国哲学概念"道"，而是将其与拉丁文的Ratio及希腊文的Logos相比附，注重的是概念中同的一面：

> 道 Taou | in the books of Laou-tsze is very like the Eternal Reason of which some Europeans speak; Ratio of the Latins, and the Logos of the Greeks.

对于《英汉词典》中的MANIFESTO，马礼逊指出欧洲的manifesto与中国皇帝的谕旨在告知功能和形式方面有相似之处：

> MANIFESTO, public proclamation, 告示与众 The emperor of China frequently issues an 谕中外知之, Edict for those inside and outside (of China proper) requiring them to make themselves acquainted therewith; which edict resembles an European manifesto.

以上对《华英字典》三级义类中"组织中的人，人口，人民"的部分高频译义元语言词汇Chinese、China、Canton、Peking、European列举了部分条目进行考察。从译义元语言的功能来看，首先，这些词汇的高频使用显示了译义元语言在认知功能上的优势，作为西方汉语学习者和编纂者的马礼逊，他与欧洲词典用户有着相似的语言文化背景、认知结构和思维方式，对于西方人汉语学习的难点和特点有着切身的认识，译义元语言更有利于帮助西方汉语学习者利用已有的知识经验构建新的知识结构。其次，这些指示性词汇的使用也突显了《华英字典》译义元语言的交际功能。对于欧洲的词典用户来说，Chinese、China、Canton、Peking 等译义元语言词语表明编者与词典用户是同盟关系，面对共同的交际第三方——中国他者；European 等词汇提醒词典用户比较中国人与欧洲人的观点或说法，体现了具有共同文化背景的编者与词典用户很强的交际互动性。第三，这些词汇显性地构建和阐释中国文化，体现了译义元语言的文化传播功能，但需要注意的是，马礼逊是从西方人的视角来描述、阐释或评价中国事物和中国概念的，不可避免地带有西方人的认知偏见。

5.3.2 三级义类“宗教教派”

译义元语言“宗教教派”是二级义类“宗教与信仰”下的三级义类构成的语言文化场。基督教传教士要想使中华归主，必须要了解中国人的宗教信仰状况，《华英字典》中谈论宗教与信仰的词汇自然比较多。C 类的 16 个二级义类语言文化场中，“宗教与信仰”的比值是最高的，在《字典》和《五车韵府》中为 13% 多，而《英汉词典》中更是接近 19% 。对其三级义类“宗教教派”译义元语言进行考察，可以了解马礼逊如何用汉语描述基督教，并从基督教视角描述和评论中国人原有的宗教信仰，从而对马礼逊通过译义元语言重构的中国文化有具体的认知。

5.3.2.1 《华英字典》“宗教教派”译义元语言词汇

“宗教教派”词频统计结果见表 5-20。需要说明的是，依据《朗文分类》，与儒学相关的英语词汇归到了宗教类。对于儒学是宗教还是哲学，学者们存在争议，有学者认为是哲学，有学者认为是宗教，也有学者认为儒学介于宗教和哲学之间。楚金莲指出了单从哲学或宗教研究儒家思想的偏颇之处，认为如果只把它界定为宗教，我们就无法理解它的独特之处；而如果只把它界定为哲学，我们就可能忽视了它影响人心的力量（吴正选 2000：313）。孙尚扬（2000：329）指出，表面上看来，儒学似乎只是一种世俗的社会政治伦理学说，但它却同时具有很多宗教的维度与特性。贾未舟（2009：57）也认为，儒学也有丰富的“天道”信仰，应该撇开“宗教—非宗教”的二元对立思维方式，承认儒学人文主义和宗教兼具的特性。儒学包含信仰，虽不是通过正统宗教的形式，也具有宗教性。马礼逊在其《中国文化大观》（*A View of China for Philological Purpose Containing A Sketch of Chinese Chronology, Geography, Government, Religion and Custom*）中把 Confucius 归入“宗教和神秘学”（Religion and Mythology），因此本研究也把描述儒家的译义元语言词汇归入“宗教教派”。

表 5-20 《华英字典》中的“宗教教派”译义元语言词汇

《字典》	频次	频度	《五车韵府》	频次	频度	《英汉词典》	频次	频度
Confucius	203	32.58%	Buddha	107	31.20%	Budh	102	24.83%
Budh	96	14.41%	Confucius	58	16.91%	Taou	47	11.49%
priests	61	9.79%	priests	48	13.99%	priests	39	9.54%
Taou	38	6.10%	Taou	21	8.75%	Confucius	31	7.58%
nun	34	5.45%	nun	21	8.75%	Mahomedans	30	7.33%
Budha	31	4.98%	priest	18	7.50%	nun	20	4.89%
priest	24	3.85%	Buddhists	12	3.59%	Mahomedan	19	4.64%
Buddah	14	2.24%	nuns	6	1.75%	priest	14	3.42%
Confucian	14	2.24%	Mahommodans	5	1.46%	Buddhists	11	2.69%
Buddha	14	2.24%	Christian	5	1.46%	Missionaries	7	1.71%
nuns	11	1.76%	Noah	4	1.20%	Mahomed	6	1.47%
Christian	7	1.12%	Buddah	4	1.20%	Buddha	6	1.47%
Mohommedan	7	1.12%	priestess	4	1.20%	priesthood	6	1.47%
priesthood	7	1.12%	priesthood	4	1.20%	Christian	4	0.98%
lord	5	0.80%	Mahomedan	3	0.88	catholic	4	0.98%
Choofootsze	5	0.80%	lord	3	0.88%	nuns	4	0.98%
monastery	5	0.80%	missionaries	3	0.88%	Adam	3	0.74%
Adam	4	0.64%	pastor	2	0.60%	trinity	3	0.74%
Noah	4	0.64%	monks	2	0.60%	Buddhism	3	0.74%
missionaries	4	0.64%	Muslin	1	0.30%	Confucian	3	0.74%
Moses	3	0.48%	Christians	1	0.30%	Catholics	3	0.74%
Jesus	3	0.48%	Jesuit	1	0.30%	hermit	3	0.74%

续表

《字典》	频次	频度	《五车韵府》	频次	频度	《英汉词典》	频次	频度
saint	3	0.48%	Jesus	1	0.30%	Eve	3	0.74%
Christ	2	0.32%	Mohammedans	1	0.30%	Jesuits	2	0.49%
Buddhist	2	0.32%	Moses	1	0.30%	Jesus	2	0.49%
Hebrew	2	0.32%	Buddhas	1	0.30%	Mahomedanism	2	0.49%
catholic	2	0.32%	Confucian	1	0.30%	Moses	2	0.49%
nunnery	2	0.32%	Choofootsze	1	0.30%	Christ	2	0.49%
monks	2	0.32%	catholic	1	0.30%	priestess	2	0.49%
Jehovah	1	0.16%	catholics	1	0.30%	priestesses	2	0.49%
Jesuit	1	0.16%	Mohamodans	1	0.30%	hermits	2	0.49%
trinity	1	0.16%	abbess	1	0.30%	abbess	2	0.49%
Mohammedans	1	0.16%				Kwan-yin	2	0.49%
Buddhists	1	0.16%				bonze	2	0.49%
hermit	1	0.16%				abbot	2	0.49%
hermits	1	0.16%				shamanism	2	0.49%
nunneries	1	0.16%				Jesuit	1	0.25%
abbess	1	0.16%				Mahometan	1	0.25%
Papal	1	0.16%				Mahometans	1	0.25%
pastor	1	0.16%				Christianity	1	0.25%
pastors	1	0.16%				Christians	1	0.25%
priestess	1	0.16%				Mohammedan	1	0.25%
						Mohammedans	1	0.25%
						Musselman	1	0.25%
						Mussels	1	0.25%
						Mussulman	1	0.25%
						Hebrew	1	0.25%
						pastor	1	0.25%

上表中包含了儒释道、伊斯兰教和基督教等方面的相关词汇。3 卷本《字典》中，Confucius 一词出现的频率最高，占比为 32.58%；其次是佛

教词汇 Budh，为 14.41%，priests 为 9.79%（priests 一词在《华英字典》中既指天主教神父、基督教的牧师，也指佛教的和尚和道教的道士）；其他 7 个高频词依次是 Taou、nun、Budha、priest、Buddah、Confucian、Buddha，排在前 11 位的大都是描述中国儒释道的词汇。排在第 12 位的才是基督教词汇 Christian，仅占 1.12%，《字典》中其他基督教词汇如 Adam、Noah、Jesus、Christ 等，相对于儒释道词汇，频度都比较低。描述伊斯兰教的译义元语言词语 Mohammedan，也仅为 1.12%。

《五车韵府》中，排在第 1 位的是佛教词语 Buddha，占 31.20%；第 2 位的是儒教词语 Confucius，16.91%，只有 Buddha 的一半稍多；第 3 是 priests，为 13.99%。接下来排在 5—8 位的基本是佛教词汇；排在第 9 位的是 Mahommodans，为 1.46%，基督教词语 Christian 的频度也是 1.46%。基督教词汇频次大多在 1—4 次之间，如 Noah 4 次，missionaries 3 次，pastor 2 次。低频词语中还有少量伊斯兰教词汇，如 Mahomedan 3 次，Muslin 1 次，Mohammedans 1 次。

《英汉词典》中，排在第 1 位的是佛教词语 Budh，占比为 24.83%；其次是 Taou，11.49%；priests 为 9.54%；Confucius 排在第 4 位，7.58%；伊斯兰教词语 Mahomedans 7.33%；基督教词语 missionaries 排在第 10 位，频度为 1.71%。频次为 6 的分别为 Mahomed、Buddha、priesthood，占比均为 1.47%。基督教词语 Christian 和 catholic 占比 0.98%，频次均为 4。频次 3—1 的，占比 0.74%—0.25%，基督教、儒教、佛教、伊斯兰教、道教的词汇都有。

一般提及中国的宗教，通常就是儒释道，对伊斯兰教提及较少。但马礼逊对中国宗教的认知不局限于儒释道，还涉及不少伊斯兰教的知识。Mohammedan(s)在 3 卷本《字典》中出现 8 次，《五车韵府》中也是 5 次，但在篇幅最少的《英汉词典》中，Mohammedans 出现 30 次，Mohammedan 19 次，Mohammedan(s)共有 49 次。汉英词典和《英汉词典》中伊斯兰词汇频次差异明显，这是因为汉英词典所依据的汉语字典蓝本中对伊斯兰教的描述较少，而《英汉词典》中伊斯兰教词汇较多，说明马礼逊在介绍中国的教派时，并不囿于中国的汉语字典，体现出他在《英汉词典》编纂中对词目的确立和内容描述有更大的自主性。

三部分词典译义元语言中都有基督教词汇，这是马礼逊的西方传教士身份所决定的。传播基督教，使中华归主是其来华最终目的，因而不仅在《英汉词典》中提到了基督教，在汉英词典《字典》和《五车韵府》中也都有一定数量的基督教词汇。但三部分词典中基督教词汇的占比都远低于描述中国教派的词汇，其中两部汉英词典中基督教词汇较少，可能是受蓝本汉语字典的影响。马礼逊选词立目最有自主权的《英汉词典》中基督教词汇也较少，对基督教词汇的考察可以发现，马礼逊并没有专门介绍西方宗教，通常是在将中西方宗教进行对比时提到基督教，这表明《华英字典》的目标读者是西方的汉语学习者，目的主要是向西方的汉语学习者介绍中国的宗教，帮助他们了解中国人的宗教信仰状况。

5.3.2.2 《华英字典》中的 Confucius

《字典》中 Confucius 一词出现的次数较多。《字典》非常注重对中国传统文化思想的介绍，收录了较多儒家经典中的例句，表明马礼逊认识到儒教思想在中国传统思想文化中至高的地位，儒教词汇多因而是可以理解的。《五车韵府》和《字典》同样都是汉英词典，但《五车韵府》中佛教的译义元语言词汇要比儒教的多，如 Buddha 在《五车韵府》中出现 107 次，为 31.20%，占比最高，《字典》中却只有 14 次，占比 2.24%；Confucius 在《字典》中出现 203 次，但在《五车韵府》中仅出现 58 次，仅为排在第 1 位的 Buddha 的一半。《五车韵府》中 Confucius 的频次比《字典》少，这是因为《五车韵府》的例句基本上以简短的口语为主，对源自古代儒家经典的例句收录很少，描述儒教思想的内容减少，但介绍佛教的内容大致不变，因而儒教思想词汇占比相对就减少了。

《华英字典》中 Confucius 出现的情况大致可以分为三类：关于孔子生平及其家人或弟子的；孔子的著述和言论；关于儒教的内容。见表5-21。

表 5-21　三部分词典中的 Confucius

	《字典》	《五车韵府》	《英汉词典》
频次总计	203 次	58 次	31 次
孔子生平及相关人物	125 / 61.58%	46 / 79.31%	9/ 29.03%
孔子著述及言论	52 / 24.62%	8 / 13.79%	19 / 61.29%
孔教或儒教	26 / 12.81%	4 / 0.69%	3 / 9.68%

由上表可见,《字典》及《五车韵府》中对孔子生平及相关人物的介绍最多,分别占 Confucius 总数的 61.58% 和 79.31%;《英汉词典》中关于孔子著述及言论的比例最高,约 61.29%。三部分词典中关于孔教或儒教的内容较少,且《五车韵府》中最少,但往往正是这部分内容是编者马礼逊加以阐述和评论的部分,因而对考察马礼逊的中国文化观具有较大的价值。

5.3.3 三级义类"神"

对二级义类"宗教与信仰"下的三级义类"神"语言文化场中的译义元语言进行考察,并选择部分高频词进行词典文本分析,可以进一步了解马礼逊如何用英语描述、阐释和评价中国人的宗教观,分析他如何从基督教传教士视角对中西宗教进行对比,从而对马礼逊如何通过译义元语言重构中国文化有具体的认知。

5.3.3.1 "神"的译义元语言词汇

表 5-22 是《华英字典》三级义类"神"的译义元语言词汇频次和频度。"神"这一义类中包括了 Heaven、gods、God、Deity 等语义关联的译义元语言词汇。

表 5-22 "神"的译义元语言词汇

《字典》	频次	频度	《五车韵府》	频次	频度	《英汉词典》	频次	频度
Heaven	491	36.7%	Heaven	267	34.2%	Heaven	239	38.2%
gods	117	8.7%	gods	90	11.9%	God	88	14.1%
Spirit	111	8.3%	Spirit	68	9.0%	gods	63	10.1%
heavens	96	7.2%	divinity	55	7.2%	Spirit	39	6.2%
God	90	6.7%	God	46	6.1%	heavens	26	4.2%
divinity	75	4.6%	heavens	44	4.8%	devil	21	3.4%
demon	67	4.0%	soul	24	3.2%	heavenly	19	3.0%
demons	37	2.8%	demon	23	3.0%	soul	15	2.4%
spiritual	33	2.5%	Deity	18	2.4%	idol	12	1.9%
Deity	31	2.3%	demons	13	1.7%	idols	11	1.8%
soul	27	2.0%	spirited	13	1.7%	demons	10	1.6%

续表

《字典》	频次	频度	《五车韵府》	频次	频度	《英汉词典》	频次	频度
idol	22	1.6%	idol	10	1.3%	goddess	9	1.4%
devil	20	1.5%	idols	10	1.3%	devils	8	1.3%
idols	15	1.1%	devil	10	1.3%	divinity	7	1.1%
demoniacal	15	1.1%	demoniacal	9	1.2%	angels	7	1.1%
heavenly	15	1.1%	devils	9	1.2%	Deity	6	1.0%
ghost	11	0.8%	goddess	7	0.9%	ghost	6	1.0%
goddess	10	0.7%	heavenly	6	0.8%	angel	5	0.8%
angel	10	0.7%	purgatory	5	0.7%	paradise	4	0.6%
devils	9	0.7%	apparition	4	0.5%	idolatry	3	0.5%
ghosts	7	0.5%	apparitions	4	0.5%	daemons	3	0.5%
apparition	5	0.4%	ghost	4	0.5%	sinner	3	0.5%
anima	4	0.3%	ghosts	4	0.5%	souls	3	0.5%
angelic	3	0.2%	diabolical	3	0.4%	angelic	2	0.3%
angels	3	0.2%	goddesses	2	0.3%	demon	2	0.3%
souls	3	0.2%	angelic	2	0.3%	ghosts	2	0.3%
demonical	2	0.1%	incorporeal	2	0.3%	purgatory	2	0.3%
deities	2	0.1%	paradise	2	0.3%	godlike	1	0.2%
Paradise	2	0.1%	angel	1	0.1%	godly	1	0.2%
idolatrous	1	0.1%	demonical	1	0.1%	idolater	1	0.2%
diabolical	1	0.1%	incorporeal	1	0.1%	daemon	1	0.2%
apparitions	1	0.1%	purgative	1	0.1%	daemoniac	1	0.2%
incorporeal	1	0.1%	deities	1	0.1%	demoniac	1	0.2%
purgatory	1	0.1%				demoniacal	1	0.2%

《华英字典》中，Heaven 和 heaven 两种形式都有，统计时将两者合并，Spirit 和 spirit 等词也是如此。三级义类“神”中，三部分词典的译义元语言最高频的 11 个词中，有 9 个相同，排在第 1 位的都是 Heaven，且频次远高于 God 等词语，在每部分词典的该义类中所占比例均超过 35%，如果加上其复数形式 heavens 和形容词形式 heavenly，则占比为

42%以上。据刘羡冰(2011: 344)的统计,《英汉词典》中最详尽的词条是Heaven,共占444行,很多内容涉及宗教,其次是130行的God。译义元语言词汇三级义类“神”的词频统计证实了这一点,但刘文只是对《英汉词典》中Heaven和God两个词条进行考察,本研究的统计包括译义元语言词汇在三部分词典中出现的所有情况,因而更为全面。

三部分词典中Heaven出现最多的情况是在描述中国的“天”及“天”的复合词“天命”“天道”“天子”“天下”“天理”等时。杨慧玲(2012:277-278)指出,针对本族人编写的《康熙字典》,编者对本族人的语言和文化有时习焉不察,对“天”的释义,无论是词语本身的意义还是文化义,都无法满足欧美人编纂汉英词典的需要。她对马礼逊《字典》和《五车韵府》中的“天”字条目进行了考察,并与卫三畏的《汉英韵府》和翟理斯的《华英字典》的相应条目进行了对比,指出三位编者都很清楚“天”在中国思想文化中的重要地位及其丰富的内涵,所以对“天”的译义也格外丰富。对于“天”的宗教文化义,马礼逊和卫三畏谨慎地避免用英文God对译“天”,而翟理斯通篇大用God译义。杨慧玲注意到马礼逊《华英字典》中的Heaven对于“天”的译义,但她的考察仅限于“天”字条目,未对整部词典中的情况进行考察,也没有关注词典中与“天”语义相关的God、Deity、Spirit等其他宗教性内涵的词汇构成的语义网络。

5.3.3.2 《华英字典》中的Heaven

三部分词典的三级义类“神”中,Heaven(包括heaven)的词频最高,且多与汉语的“天”及其复合词对应。与《华英字典》中的“天”对应的不仅是Heaven,还有其他英语词,如Providence、Nature或Universe等,但只有Heaven对应的“天”的语域最广。

冯友兰(2001:103)指出,在中国文字中,“天”这个名词,至少有五种意义。一个意义是“物质之天”,指日常生活中所看见的苍苍者与地相对的天,就是我们现在所说的天空。一个意义是“主宰之天”或“意志之天”,指宗教中所说有人格、有意志的“至上神”。一个意义是“命运之天”,指旧社会中所谓运气。一个是“自然之天”,指唯物主义哲学家所谓自然。一个是“义理之天”或“道德之天”,指唯心主义哲学家所虚构的宇宙的道德法则。

《华英字典》中表主宰天含义的“天”,绝大多数都是与Heaven对应,有极少数对应的是Providence或Nature;表命运义的“天”,多数是含

heaven 的短语,如 will of heaven,少数是 fate、destiny;表物质"天"的,大都为 heaven 和 heavens, 少数为 sky 或 celestial globe 等;表自然天的,也多为 heaven, 少数为 universe、nature 等; 表天道义的, 多为 heavenly principles、Heaven's way, 少数为 Reason、the natural right 或 Light of nature 等。以下情况中的"天"基本不与 Heaven 对应:含有"天"字的"天主""天主教",伊斯兰教中的"天经",佛教中的"无想天""西天"等,表示气候、天气、时间及名称中带有"天"字的动植物等。

为了详细考察《华英字典》中各种语义"天"的情况,本书在"天之五义"基础上将"天"进一步细分为:主宰天,物质天,命运天,自然天,义理天,基督教、佛教或伊斯兰教等其他宗教天,时间季节天,气候天气天及动植物等其他名称天。表 5-23 是三部分词典中"天"的义项个数及比例。

表 5-23 《华英字典》中"天"的语义分类

《英汉词典》	个	占比	《五车韵府》	个	占比	《字典》	个	占比
主宰天	160	36.79%	主宰天	104	41.60%	主宰天	267	53.83%
物质天	80	18.39%	物质天	57	22.80%	自然天	73	14.82%
自然天	63	14.48%	其他名称天	22	8.80%	物质天	66	13.31%
时间季节天	34	7.82%	自然天	18	7.20%	义理天	33	6.65%
其他宗教天	29	6.67%	命运天	12	4.80%	其他宗教天	20	4.03%
气候天气天	22	4.89%	义理天	12	4.80%	其他名称天	15	3.02%
义理天	21	4.83%	时间季节天	10	4.00%	时间季节天	10	2.02%
命运天	16	3.68%	其他宗教天	9	3.60%	命运天	7	1.41%
其他名称天	10	2.30%	气候天气天	8	3.20%	气候天气天	5	1.01%

由上表可见,《华英字典》中"天"的主宰天语义是最多的,其中《英汉词典》中主宰天语义的"天"在该词典所有的"天"中占比 36. 79% ,《五车韵府》为 41.60% ,《字典》为 53.83% 。

儒家经典中,"天"的主宰性,特别是人格性基本是出现在先秦的经典中,从上古至宋明理学时期人格性特征逐渐减少,义理天的内涵逐渐增加。(陈来 1998:126)但《华英字典》中"天"的主宰性语句却最多,这表明马礼逊的基督教传教士身份对其选例有很大影响,他是从基督教的立场出发选择宗教性内涵的“天”的例证并阐释和评价的。《字典》中表主宰天的例证大都取自古代中国儒家经典,而《五车韵府》中的主宰天例证取自经典和口语的都不是很多,主要是“天”的一些复合词,如“皇天上帝”“天帝”等。

主宰天有四个最主要的特性:人格性、意志性、超越性、创生性(陈来 1998:126)。从这四个方面分析《华英字典》中对主宰天的描写与阐释发现,词典中关于意志性的“天”最多,人格性的“天”其次,创生性的“天”较少,超越性的“天”最少。人格性的天在《英汉词典》中最多,且最多的是口语化的“天老爷/老天爷”,但在《五车韵府》和《字典》中“天老爷/老天爷”一次都未出现。“天老爷/老天爷”具有“天”的人格性,鲜见于经典,却已深深渗入中国老百姓的日常生活,成为老百姓集体无意识的一部分,说明马礼逊不仅仅关注中国古代经典,更留意中国百姓日常生活中的“天”观。

马礼逊在《英汉词典》中选择了较多表示“天”的意志性和人格性的口语化例证,如:

> 皇天不负好心人 Imperial heaven will not forsake a good hearted man
> 人害我害不死老天爷叫人死才死 If Heaven calls me to live, man cannot hurt me; if Heaven calls me to die, man cannot save me.

马礼逊对《英汉词典》中“天地”一词进行译义元语言阐释时,特意提到“天”的人格性在中国南方和北方的“天地”和“天老爷”称呼中的不同,北方使用的“天老爷”有人格性,而南方“天地”之称呼不能表达至上神的含义。

> 天地: were the text (the ancient Classics of China) addressed to the mind of a Jew or Christian it would call up more rational views of God, than the Commentaries of the Chinese later writers will admit of; and whatever may be the usage in some northern parts of China, in the colloquial phrase Teen-laou-yay, giving a sort of personality to Heaven, it is not the usage in the south, their usual phrase is 天地 teen te, heaven

and earth, which united bewilder the mind, and leave no distinct idea of a Supreme Being.

马礼逊在《五车韵府》中也指出中国的“天”缺乏人格性，并指出“天”字含义复杂和模糊的特点：

Heaven used for the material heavens, the sky, and for a Supreme and Intelligent Power which views human actions and thoughts, and which rewards or punishes individuals or nations, but which seems to want personality. There is a great variety of expression and confusion of idea connected with the word.

马礼逊在《字典》中将中国的“天”与约翰逊《英语词典》中西方的 Heaven 一词的释义进行了对比，指出两者语义上的相同点，并指出中国哲学家对“天”含义阐释的无神论唯物主义倾向。

The Teen of China, is used nearly as the Heaven of the western nations; and denotes “The regions above; the expanse of the sky; the habitation of God, good angels, and pure souls departed; it is also used for the supreme power; the sovereign of heaven.” (Johnson) Such is the popular use of the word although several of the Chinese philosophers evidently sink into a sort of Atheistical materialism.

“天”对于探析中国宗教信仰与西方基督教的关系具有重要的意义。既有宗教性又有自然性的中国的“天”，其内涵丰富而又模糊，且内涵随时代而发展变化。明清之际来华的利玛窦等耶稣会士早已认识到“天”在中国文化中的重要地位，他们利用了先秦中国古经中具有人格神特征的“天”和“上帝”来附会基督教中的 God。正如陈义海（2009：83）所指出的，不同民族对于“天”的理解，也就是对不同文化的理解。马礼逊《华英字典》中的译义元语言对“天”的阐释也正体现了他作为西方人对中国文化的认知和构建。

5.3.3.3 《华英字典》中的 God 和 Deity

God、Deity、Spirit 等与 Heaven 都归属三级义类中"神"这一义类，它们有着各种语义上的联系。利玛窦等明清之际来华的耶稣会士以中国古经中人格神的"天"或"上帝"来附会基督教中的 God，注重的是"天"或"上帝"与 God 在宗教性和人格化上的同，目的是向中国人介绍基督教的 God。马礼逊《华英字典》中对"天"与 God 的异同做了辨析。他在《英汉词典》中指出，耶稣会士将 God 的汉语称为"上帝"或"天"，强调的是"天"与"上帝"在最高主宰这一点上与 God 的对应。

> God by the Jesuits at one time was called 上帝 Shang-te they seem also to have used 天 teen, heaven, in this sense. From the above quotations it will appear to the reader, that heaven is viewed as the Supreme Ruling Power.
> A sort of Supreme God, in the ancient books expressed by 上帝 Shang-te.

在《五车韵府》中马礼逊指出了中国的"上帝"与基督教的至上神 Deity 的区别：中国的"上帝"表面上表达了基督教的唯一神观，但实际上不是指唯一神。

> Shang te the High or Supreme Ruler the epithet, though seemingly to express the Christian idea of the Deity, is however applied to more than one divine personage.

马礼逊《华英字典》中用 God 来描述和阐释"天"之处极少。《华英字典》中 God 或 gods 对应的通常是"神"。如《五车韵府》中有"天大过神 Heaven is greater than the gods"，神的对译为复数形式 gods，表明他对中国"天"的至上神地位的认知。在《英汉词典》中，他指出各种神的地位低于天以及基督教的 God 具有唯一性：

> Genii of particular places are also expressed by 神, as 河神 ho shin, god

of the river;山神 shan shin, god of the hill, &c. All these gods are in Chinese notions inferior to 天 Teen, Heaven.
God is one alone, 主独一: One alone, is a separate and distinct one;not the one in numbers (or the first of a series),独一者乃单另之一非数中之一

《华英字典》中的 Deity 涉及对中国至上神与基督教天主的神性及人格性的比较。如《英汉词典》中:

The Roman Catholic missionaries have framed the phrase Heaven's Lord to express the Deity, subsequently the Latin church has ordered"天主 Teen Choo," The Lord of Heaven, to be used for the True God.

《五车韵府》中:

Choo, the Deity, in the language of Chinese Mahommodans. The Romish Missionaries use Teen choo, The Lord of Heaven, to denotes the Supreme Being.

《字典》中,马礼逊认为中国的太极、理、天理等是第一因,由此推出了第一因就是至上神,他指出中国的哲学家却未能推出这一结论。

These (changes) are called 易 yih, (the subject of the Yih-king Classic.) But motion and rest, must have a 理, or Principle of order, which causes motion and rest: this is that which is called Tae-keih 太极, or the first moving cause. We add, this first moving cause is the Deity, an incomprehensibly great, wise, good, and powerful Being;whose existence and perfections are declared by his works. The Philosophical Sect of the Chinese scarcely draws this natural inference. The 所以动静之理 Principle which causes motion and rest, does not seem, in their apprehension, what we express by Deity.

马礼逊还认为孔子及儒家学派更该称为怀疑论者而非无神论者，因为他们不能肯定至上神是否存在，也并没有否定至上神的存在。

> Confucius, and writers of his School, are rather skeptics than atheists; they rather hesitate, than deny the existence of a Deity.

《字典》另一处，马礼逊将第一因（the First Cause）等同于太极，并视为至上神（Deity），指出中国的注经家们未能发现至上神的人格性特征，他们的太极和天理概念没有人格神的特征。

> 太极函三为一 (the First Cause or Deity) contains three constituting one. (Woo-king-choo, 39 vol. 26 page.) The sense given of Tae-keth is confirmed "What is collectively denominated the Heaven and the Earth, is, in reference to the inherent Deity, called Tae-keth." It must not however be supposed, that all the Commentators speak thus clearly on the subject. In the language of most of them, it is difficult to discover any thing of that personality which is necessary to the idea of Deity. They seem to speak of some principle of order or governance, denoted by 太极 or 天理 but in which, distinct personality is not perceived.

从上述对《华英字典》三级义类"神"中 Heaven、God、Deity 等译义元语言词汇的文本考察可以看出，马礼逊站在西方基督教文化的立场上描述和评论中国人的宗教与信仰，并对中西方文化进行比较。他清楚地认识到中国的"天"与基督教的 God 存在根本性差异，并试图改造儒家经典中"天"的概念，从他对"太极、理"等概念的阐释可以看出他的这一意图，他力图从中推出第一因就是基督教的至上神，试图调和中西方文化的差异，并用基督教文化逐步改造中国文化。

5.4 本章小结

本章基于《华英字典》三部分词典全部译义元语言词汇的三级语言

文化场的语义分布特点，从整体性、层次性和动态性三个方面描述了《华英字典》译义元语言系统的特点，并对译义元语言的原语文化构建功能进行了考察。

译义元语言一级义类构成的语言文化场中，14 个义类在《华英字典》中均有分布，说明马礼逊对中国文化的介绍具有整体观。三部分词典各有侧重和分工，词典类型和性质不同，篇幅也相差很大，但语义分布却具有一致性，都是描述制度文化和精神文化内容的词汇居多，表明马礼逊对人与人之间的关系及人的内心世界更为关注，且他的文化观在整个词典编纂活动中贯彻始终。

译义元语言二级义类构成的语言文化场进一步揭示了译义元语言系统的层次性特点。三部分词典中各二级义类所占的比例大致反映了编者马礼逊对每一类别的关注程度，同时也为选择某一义类词语进行全面系统调查提供了依据。调查发现三部分词典 C 类（人与家庭）的二级义类中，表示宗教与信仰的词语比例都较高，这与马礼逊的传教士身份是相符的，他来华的目的就是向中国人传播基督教，以使中华归主。而宗教与信仰类又以《英汉词典》中的比例最高，这是因为《英汉词典》能更多地融入马礼逊的编者主体性和独创性，而不像其汉英词典的编纂更多地受到汉语蓝本字典的束缚。

在本章的三级义类译义元语言语言文化场分析中，选取了 C 类三级义类中部分高频译义元语言词汇，对整个词典文本考察了译义元语言的原语文化描述和阐释，从而对译义元语言的文化构建功能有了具体认知。更为重要的是，从特定语言文化场中选择相关词语考察，可以避免孤立地分析单个词的局限，显示出其与语言文化场的同义类中其他词语的语义相关性。

本章从《华英字典》三部分词典译义元语言所分别构成的三级语言文化场框架中考察《华英字典》译义元语言系统的特点，从而展现了译义元语言所构建的中国文化系统的总体特点，但并未对语言文化场进行细致的场性结构分析，而且选取用来分析的译义元语言不一定是描述中国文化关键词的译义文化元词。第六章将选取中国文化关键词“祭祀”及其译义文化元词 sacrifice 进行祭祀语言文化场的个案考察，从语言文化场的核心结构、中心结构和边缘结构进行更为细致的场性分析，从而具体分析译义元语言构建了何种中国文化形象。

第六章 《华英字典》译义元语言文化构建功能：个案研究

第五章基于《华英字典》译义元语言三级语义分布描述了译义元语言系统的特点，并对C类的三级义类中部分译义元语言高频词在整部词典中的情况进行了考察。但所选的译义元语言词汇描述的不一定都是中国文化关键词，且没有进一步关注译义元语言对中国文化语义网络的构建。本章选取中国文化关键词“祭祀”进行个案研究，旨在从祭祀文化这一侧面入手来考察《华英字典》译义元语言如何构建中国文化，以及如何具体实现文化的构建功能。在译义文化元词 sacrifice 及汉语“祭祀”的复合语言文化场中，本章考察《华英字典》对中国祭祀文化体系的构建，反观编者马礼逊关注中国祭祀文化的哪些内容，如何诠释，体现了他对中国文化的什么态度。

6.1 “祭祀”文化个案选择的理据

选取“祭祀”作为个案研究的语言文化单位，是基于祭祀在中国古代生活中的重要性，同时也是因为“祭祀之争”是长达百年、影响深远的“礼仪之争”中的一个主要内容。早期来华传教士不同教派或同一教派内部如耶稣会内部对中国祭祀文化持有不同的态度。马礼逊作为基督教传教士，对中国祭祀文化的态度自然也体现在他的词典编纂活动中。由于祭祀文化的重要性及祭祀语义内涵的广泛性，对祭祀文化的描述不可能通过一两个词条就能完成。本研究把描述祭祀的译义文化元词及由其所链接的原语和译语语言同类文化单位纳入祭祀语言文化场中，进行祭祀语言文化场的场性分析和描写。

祭祀是中国古代社会政治和先民日常生活的一项重要内容,“国之大事,在祀在戎”(《左传》)。在古人的各种活动中都伴随着祭祀的内容,从最小的日常生活到最重要的治国平天下的活动,都不例外。敬天、祀孔、祭祖,事关封建中国的“国本”。(李秋零 2003:117)17 世纪中叶开始的长达百年的“礼仪之争”的根源就是基督教文化与中国宗教信仰的差异及对中国文化诠释的困难和分歧。“礼仪之争”的主要内容是“祭礼之争”和“译名之争”,是天主教会关于中国教徒是否可以参加祭祀孔子、祭祀祖先等礼仪活动,是否可用“天”“上帝”来翻译天主教主宰真神的一系列论争。利玛窦是早期来华的天主教耶稣会传教士,为了在中国顺利传教,他采取了文化适应策略,允许中国教徒参加传统的祀孔、祭祖等活动。在他看来,祀孔、祭祖只具有伦理的意义,不过是表达崇敬之情,没有祈求福泽,不属于偶像崇拜,并不违反天主教教义。自利玛窦以来的耶稣会一贯主张,儒生文士在孔庙中祭拜孔子,仅是表示尊敬之意,纯属世俗性和政治性的礼仪,而不具宗教性。中国人祭祖只是借此表示对亡者的孝道、礼敬及追思,而不是视祖先为神灵加以祭拜。(赵克生 2003:147)但继利玛窦之后主持耶稣会中国教务的龙华民及多明我会的黎玉范、方济各会的利安当等传教士坚持严格的天主教本位主义,认为“中国从古至今所行祭祀之礼悉属求福免祸”,祭祖、祭孔等也不例外,他们强烈反对利玛窦的观点,认为“中国之习惯礼典中崇拜偶像,与基督教神圣的性质不同,所以应当绝对加以禁止”(同上)。耶稣会内部以及耶稣会与方济各会、多明我会之间的祭礼之争逐步发展成为一场政教之争,直接导致清朝的百年禁教,此后一百年基督教在华和平传教的进程基本中止,至马礼逊 1807 年入华时,清朝仍然严格取缔基督教的传教活动。

祭祀是古代中国人政治生活和日常生活中的一项重要内容,中国祭祀文化以及“礼仪之争”自然也受到了马礼逊的关注。马礼逊是首位来华新教传教士,他的终极目标是“中华归主”。在他看来,要想让中国人认识并信仰基督教,宣道者本身及其相关的文化社会也必须认识和了解中国文化。(卓新平 2011:106)1805 年马礼逊在日记中记下了他为去中国传教所做的一些准备,“我还花费精力研究了‘礼仪之 争’”(Morrison 1839:74)。关注中国人的宗教信仰情况也是伦敦会理事会对马礼逊的指示。伦敦会理事会在 1809 年给马礼逊的一封信中称:“你描述的身边可怜的异教徒各种习俗,尤其是迷信仪式很受欢迎。它们对我们思想产生的冲击就像对你的一样(可能不如对你那么强烈)。的确,世人被幽暗遮蔽。……天哪!如此古老、如此聪明、如此有见识的民族竟然还停留在最粗鄙的偶像崇拜阶段,竟然如此无知!……这激起了我们沉睡的热情,让我们意识到我们应该追求通过一切合法的手段,使他们认识上帝——一个值得他们敬仰和信赖的存在。如果有机会,我们盼望你能继续给我们提供更多关于当地人宗教信仰方面的信息。"(Morrison 1839:260)

6.2 "祭祀"语义场与语言文化场

"祭""祀"两字在殷墟甲骨文中就有了,且有多种字样。《说文解字》中"祭"的释义为"祭祀也;从示,以手持肉";"祀"的释义为"祭无已也;从示巳声"。"祭""祀"两字在构成上均从"示",表示事神活动,说明两字是同类字,但两字在较早的古代文献中使用情况并不完全相同。据白平(2012)的考察,表祭祀义的"祭""祀"在古代经典文献中的出现情况如下:

今文《尚书》中, "祭"字有3例,"祀"字有17例;
伪古文《尚书》中,"祭"字有3例,"祀"字有7例;
《诗经》中, "祭"字有4例,"祀"字有17例;
《左传》中, "祭"字有39例,"祀"字有89例;
《礼记》中, "祭"字有450例,"祀"字有102例

这些经典中,"祀"的用例一般比"祭"多。"祀"的用例虽多,但观察其词义,却大多表示的是对先祖、先君、先圣、明神的固定的常规性供奉,与"祭"的使用情况有所不同。对于不固定的非常规性的鬼神的供奉,可以称"祭"而不可以称"祀"。"祭"的用例在古书中呈由少到多的趋势,"祀"的用例则呈由多到少的趋势。(白平 2012:88-89)

本章中研究的语言文化场称为"祭祀文化场",因为"祭祀"内涵非常广泛,既兼有"祭"与"祀"的含义,同时还具有指所有"祭"类活动的意思;不但包括事神,而且包括事鬼以及事奉所有其他类似神鬼的灵物的

活动;不仅仅是"持肉"进献这一种形式,而是多种多样。总之,一切敬事超人灵物(或力量)的活动几乎都可以纳入"祭祀"的范畴。

6.2.1 "祭祀"的语义场与语言文化场

"祭祀"一词涵盖了祭祀目的、祭祀对象、祭祀者、祭祀种类、祭器、祭品、祭祀场地、祭祀时间、祭祀行为、祭祀规则等所有内容,是对祭祀文化内涵的最大限度的抽象与概括,因而包含所有祭祀相关内容的研究才是完整的祭祀研究。有研究者对祭祀类汉字进行了分类,形成祭祀语义场,如张菁(2013)统计了《说文解字》中的祭祀类汉字,计 136 个,按文化义分为 9 类,包括祭祀目的、祭祀对象、祭祀名称、祭祀方法、祭祀过程、祭祀用品、祭祀者、祭祀地点、祭祀禁忌。136 个祭祀类汉字文化义分类见下表 6-1。

表 6-1 《说文解字》祭祀类汉字文化义分类(引自张菁 2013:17)

祭祀分类	《说文》祭祀类汉字	个数	频度
祭祀目的	示、祜、禧、禛、禄、褫、禎、祥、祉、福、祐、祺、祗、禔、祚、祲、吉、釐、羊、脀、盩、禍、祟、祆、凶	25	18%
祭祀对象	神、祇、祕、祏、社、祆、侈、尸、鬼、魅、魄、魃、申、宝、媊	15	11%
祭祀名称	禋、祭、祀、禷、祔、祰、祠、礿、禘、祫、祼、䵼、祓、禜、禳、禬、禪、禦、祮、禖、禡、禂、禓、禫、趯、斝、臘、膢、朓、纂、餽、雩、祴、醮	34	25%
祭祀方法	禮、祡、禰、祉、祈、禱、䚗、餟、禚、奠、䄘、祭、燔、茜、酹	15	11%
祭祀过程	祴、坙、爨、宫	4	3.5%
祭祀用品	祏、祳、瓏、瑒、耤、菹、牛、牲、犧、胙、隋、脤、簋、盛、粢、血、卣、鬯、醬、豚、獻、旛、匴、彝、尊	25	18%
祭祀者	祝、靈、巫、覡	4	3.5%
祭祀地点	祪、祖、禰、祧、壇、郊、宗、廟、垗、壇、場、畤	12	9%
祭祀禁忌	齋、禁	2	1%

由表 6-1 可见,归属于各部首的祭祀类汉字数量不同,示部是所属字数最多的部首,其余部首所收祭祀类汉字数量十分少。其他部首所指示的多是本身没有祭祀含义的日常熟悉的事物,但几乎全部在祭祀活动

中承担特定角色。(张菁 2013:7)从频度来看，祭祀名称的频度最高，为25%；其次是祭祀目的和祭祀用品，均为 18%；祭祀对象和祭祀方法的词汇频度均为 11%；祭祀地点为 9%；祭祀者、祭祀过程和祭祀禁忌的词汇频度最少，分别为 3.5%、3.5% 和 1%。张菁(2013)归纳了《说文解字》中祭祀类汉字的四种文化内涵：1.反映对祭祀的精神依赖性；2.反映祭祀的神圣性与普遍性；3.反映人类文明的原始性；4.反映祭祀的功利性。张菁着眼于《说文解字》中的祭祀词汇语言单位，基于祭祀类词汇词义和词义之间的共同点形成的词义类聚建立起 9 个祭祀语义场，但她对祭祀汉字文化内涵只有简单的文字概述，并没有基于《说文解字》中由祭祀词汇所链接的更大的语言单位来进行揭示。

解海江(2004:335-348)以《说文解字》和《尔雅》作为确定上古汉语词汇系统的基础，将上古汉语祭祀语义场分为 8 个义场：1.祭祀的上义义场；2.祈祷语义场；3.还愿的祭祀；4.祭祀的目的，包括(1)除凶的祭祀，(2)求雨的祭祀，(3)求子的祭祀；5.对祖先等死者的祭祀；6.对自然神的祭祀，包括(1)对天神的祭祀，(2)对地神的祭祀，(3)对牲畜神等的祭祀；7.祭祀的仪式；8.不同时间的祭祀；9.行成年礼婚嫁礼的祭祀。见表 6-2：

表 6-2 上古汉语与现代汉语祭祀语义场(引自解海江 2004)

	上古汉语	现代汉语
祭祀的上义义场	3	5
祈祷	10	3
还愿的祭祀	2	0
求子的祭祀	1	0
求雨的祭祀	1	0
除凶的祭祀	9	1
对祖先等死者的祭祀	18	4
对天神的祭祀	12	0
对地神的祭祀	14	0
对牲畜神等的祭祀	2	0
祭祀的仪式	9	1
不同时间的祭祀	9	0
行成年礼婚嫁礼的祭祀	1	0

从表 6-2 可以发现，在上古祭祀词语中，表示对祖先祭祀的最多，其次是对地神、天神祭祀的词语，表示祈祷、除凶、祭祀仪式和不同时间的祭祀类词语也较多。

张菁和解海江两位研究者对祭祀的语义分类标准有所不同，因而有不同的分类结果，但两者的共同点是对祭祀语义场的划分都基于传统的语义场理论，着眼于词汇单位，在词汇层面上归类，侧重单一的词汇及物质文化现象描述，即子场义位的统计，并对语言单位进行单一的语义描述，对祭祀类词语的分类没有进一步划分层次，未描述语境因素并揭示文化内涵，更未对深层文化心理进行阐述和揭示。

传统的语义场只对语言单位进行单一的语义描述，而语言文化场聚合"具有共同不变意义的"语言文化单位，既包括词汇单位，也包括句子、段落等单位，将语言意义和语言外的文化现实统一起来，不仅可以对比不同语言和文化之间指称的异同，还可在一定的语言共同体内通过文本分析揭示和解释该语言共同体共同的"理解、思维和话语方式"，对语言文化现象进行一体化诠释。本研究将《华英字典》中与祭祀相关联的中英文语言文化单位，包括词语、句子、段落置于语言文化场中，按文化概念的层级结构分类，通过语言与文化的相互作用尽可能全面展示《华英字典》所构建的祭祀文化体系的方方面面。

6.2.2 《华英字典》祭祀译义文化元词

祭祀译义文化元词是描述和阐释中国文化关键词"祭祀"的译义元语言词汇集中频率高、语域宽的译义元语言词语。描述和阐释祭祀的译义元语言词汇属于 C 类的三级义类"宗教仪式"，《华英字典》中与祭祀相关的译义元语言词汇有 sacrifice、rites、worship、ceremony 等，sacrifice 是其中相对高频的词。《华英字典》三部分词典中"宗教仪式"译义元语言的频次及频度见表 6-3。

表 6-3 《华英字典》"宗教仪式"的译义元语言词汇

《字典》	频次	频度	《五车韵府》	频次	频度	《英汉词典》	频次	频度
sacrifice	284	32.6%	sacrifice	187	33.5%	pray	18	10.3%
sacrifices	83	9.5%	sacrifices	48	8.6%	worship	18	10.3%

续表

《字典》	频次	频度	《五车韵府》	频次	频度	《英汉词典》	频次	频度
rites	52	6.0%	rites	38	6.8%	sacrifice	16	9.2%
worship	37	4.3%	blessings	30	6.4%	prayers	13	7.5%
ceremonies	30	3.4%	worship	28	6.0%	worshipped	12	6.9%
prayers	28	3.2%	hymns	20	3.6%	prayer	11	6.3%
blessings	25	2.9%	pray	20	3.6%	mass	7	4.0%
doctrine	21	2.4%	prayers	20	3.6%	blessings	6	3.4%
hymns	20	2.3%	prayer	16	2.9%	meditate	5	2.9%
offerings	20	2.3%	blessing	13	2.3%	ceremonies	5	2.9%
services	20	2.3%	mass	13	2.3%	rites	5	2.9%
mass	19	2.2%	doctrines	11	2.0%	services	5	2.9%
etiquette	18	2.1%	blessed	10	1.8%	preach	4	2.3%
pray	18	2.1%	sacrificing	10	1.8%	bless	4	2.3%
prayer	18	2.1%	ceremonies	9	1.6%	profane	4	2.3%
worshipped	18	2.1%	services	9	1.6%	sacrifices	4	2.3%
sacrificing	16	1.8%	worshipped	9	1.6%	amida	3	1.7%
sacrificed	13	1.5%	rite	7	1.3%	rite	3	1.7%
blessing	12	1.4%	doctrine	7	1.3%	worshipping	3	1.7%
rite	10	1.1%	bless	6	1.1%	prayed	2	1.1%
bless	9	1.0%	orchard	6	1.1%	praying	2	1.1%
blessed	9	1.0%	worshipping	5	0.9%	preacher	2	1.1%
sacrificial	6	0.7%	ceremonial	4	0.7%	preaching	2	1.1%
oblations	5	0.6%	sacrificed	4	0.7%	blessed	2	1.1%
prayed	5	0.6%	chant	3	0.5%	blessing	2	1.1%
praying	5	0.6%	meditation	3	0.5%	baptism	2	1.1%
worshipping	5	0.6%	desecrate	3	0.5%	ceremonial	2	1.1%
masses	4	0.5%	masses	3	0.5%	masses	2	1.1%
meditation	4	0.5%	censer	3	0.5%	worships	2	1.1%
oblation	4	0.5%	chanted	2	0.4%	blessedness	1	0.6%
scriptures	4	0.5%	preach	2	0.4%			

续表

《字典》	频次	频度	《五车韵府》	频次	频度	《英汉词典》	频次	频度
worships	4	0.5%	oblation	2	0.4%	blesses	1	0.6%
ceremonial	3	0.3%	obligation	2	0.4%	consecrate	1	0.6%
chant	3	0.3%	sacrificial	2	0.4%	profaning	1	0.6%
meditate	3	0.3%	chanting	1	0.2%	baptized	1	0.6%
preacher	3	0.3%	prayed	1	0.2%	ceremonious	1	0.6%
preachers	3	0.3%	praying	1	0.2%	etiquette	1	0.6%
ritual	3	0.3%	prays	1	0.2%	immolated	1	0.6%
amida	2	0.2%	preacher	1	0.2%	obligation	1	0.6%
blesses	2	0.2%	preaching	1	0.2%	sacrificed	1	0.6%
cense	2	0.2%	blessedness	1	0.2%	sacrificer	1	0.6%
censer	2	0.2%	consecrate	1	0.2%	sacrificing	1	0.6%
ceremonious	2	0.2%	profane	1	0.2%	worshipper	1	0.6%
consecrating	2	0.2%	baptism	1	0.2%			
desecrate	2	0.2%	ceremonious	1	0.2%			
preaching	2	0.2%	oblations	1	0.2%			
profaned	2	0.2%	ritual	1	0.2%			
scripture	2	0.2%	cense	1	0.2%			
baptism	1	0.1%	worshipful	1	0.2%			
blessedness	1	0.1%	worships	1	0.2%			
canon	1	0.1%	canon	1	0.2%			
chanting	1	0.1%	dogmas	1	0.2%			
consecrate	1	0.1%	sabbath	1	0.2%			
profane	1	0.1%						

表 6-3 中的词语都与宗教仪式相关,其中 sacrifice 的频度在《字典》和《五车韵府》中都是最高的,加上 sacrifices、sacrificing 和 sacrificed,频度更高。《英汉词典》中 sacrifice 的频度比 pray 和 worship 各少 1.1%。对《华英字典》的文本调查发现,同一“宗教仪式”义类下的 offering、oblation、rites、worship 等都只是描述其中一个语域。offering 和 oblation

有“奉献物,祭祀”的意思,worship 有“拜祭”的意思,rites 也有描述祭祀礼仪之义,都是祭祀的译义元语言,但 sacrifice 使用的语域最广,描述的基本都是与祭祀相关的内容,包括祭祀名称、祭祀目的、祭器、祭品、祭祀过程等,因而 sacrifice 被视为《华英字典》描述和阐释中国祭祀文化的译义文化元词。虽然 sacrifice 在《英汉词典》中频度稍低于 pray 和 worship,但从在《英汉词典》中的语域来看,sacrifice 的语域比 pray 和 worship 的要广。马礼逊在《中国文化大观》(1817: 110)中解释了他为何更喜欢用 sacrifice 翻译“祭孔夫子”而不用 offering 或 oblation:祭拜孔子的祭品不用活牲。

> During the second and eighth moons, they 祭孔夫子 sacrifice to Confucius. The word sacrifice is used by the Writer of this, in preference to offering or oblation, because the worshippers use victims which they have previously deprived of life.(中国人二月和八月祭祀孔子。本词典编者更喜用 sacrifice 一词,而不用 offering 或 oblation,因祭祀者所用的祭品是事先杀死的。)

6.3 祭祀语言文化场框架分析

语言文化场场性分析法从关键词所处的语言文化场进行宏观与微观相结合的分析,是一种系统性、综合性的研究法,适合对关键词的关键性、系统性进行全面的揭示。本研究利用语言文化场理论,考察祭祀的译义文化元词 sacrifice 在《华英字典》中所构建的祭祀复合语言文化场,具体做法是分别对《华英字典》各部分词典中 sacrifice 所链接的所有英语和汉语进行统计和分类,从语言文化场的核心结构、中心结构及边缘结构三个方面来考察《华英字典》中的祭祀文化呈现特点。祭祀语言文化场框架分析以对中心结构的考察为重点,从物质文化、规范文化(也称制度文化)和精神文化三个层面进行语言文化义场分析,一方面考察各义场内的情况,另一方面对三个层面之间的关系进行分析,重点分析马礼逊对祭祀物质文化层面背后所隐含的制度文化和精神文化内容的呈现，以了解马礼逊所构建的中国祭祀文化系统的特点，更为具体深入地认识其对中国祭祀文化的理解、态度与呈现方式，进而从一个侧面了解马礼逊对于古代中国宗法制度、礼俗制度、宗教观念、哲学思想以及中国人的精神世界等的认知情况。

6.3.1 《华英字典》祭祀语言文化场的核心结构

对祭祀语言文化场的考察依核心结构、中心结构、边缘结构的整体架构逐级进行。核心结构主要包括指称祭祀名称的词语，"祭""祀"都表示祭祀的总称，其他表示祭祀名称的词语在祭祀对象、手段、目的、时间等方面有语义上的差异。研究是从译义文化元词 sacrifice 入手，查找《华英字典》中对应的英汉语。表 6-4 为表示 sacrifice 对应的祭祀名称的汉语词集。

表 6-4 《华英字典》中祭祀语言文化场核心结构中的祭祀名称

《字典》第 1 卷	报赛，察，尝，祠，祔，祭奠，嘉平，腊祭，赛，厌饲，宜，禴，兆，烝
《字典》第 2 卷	禪，布，禶，纛，禫，禘，衈，方，祊，封禅，祅，祓禊，祔，禂，祇，禬，祠，禖，禋，禈，祮，祭，稷，桊，禷，賨，禜，祾，禠，禮，祃，禖，禯，熰，禣，禱，禳，祟，社稷，禷，祀，禮，禜，禓，祫，祥，禳，燗，禓，祂，禪，禋，禜，御，礿，禴，爈，禶，祰，烕，烝，祑，禨，祖，禬
《字典》第 3 卷	輓，趧，荐，郊，餉，餋，蜡，缭，膢，朓，膔，逑，肜，祟，祱，餟，朓，飨，绎，雩，造，飣，餟
《五车韵府》	奥，輓，布，察，禶，尝，祠，禫，禘，奠，衈，祊，祅，祓禊，祔，告朔，禬，祠，禖，祭，嘉平，荐，郊，馈，腊祭夕，缭，禜，膢，祣，祃，禖，朓，膔，逑，禳，肜，祟，社，社稷，枢，祱，餟，祀，肆，绥，望，禓，祫，祥，享，飨，禓，宜，禪，殷祭，禋，禜，御，礿，禴，造，兆，烕，烝，烝尝，祑，飣，禨，祖，禬
《英汉词典》	祭，祭祀

从表 6-4 可以发现，在 3 卷本《字典》中，第 2 卷表示祭祀名称的词

语最多,且多为示字部词汇,其次是第3卷,第1卷中最少。《五车韵府》中表示祭祀名称的词语最多,而《英汉词典》中除"祭,祭祀"外基本没有其他表示祭祀的词汇。下面将对核心结构中祭祀名称的译义元语言描写和阐释的特点进行分析。

6.3.1.1 《华英字典》核心结构中祭祀场名的译义元语言描写和阐释

《字典》中作为祭祀语言文化场场名的"祭"和"祀"都出现在第2卷,首先看"祭":

> 祭 To carry human affair, before the gods. That which is the medium between, or bring, together, men and gods. To offer flesh in the rites of worship, to sacrifice with victims. The sect of Budha doesn't sacrifice.

以上"祭"的译义元语言描述了祭祀的本质,即向神言人事,以及祭祀的功能,并介绍了祭祀的仪式是以肉或牺牲作祭品。词条结尾还特意指出佛教徒不祭祀。

我们来对比《康熙字典》中的"祭":

> 【唐韵】【集韵】【韵会】𠁥子例切,音霁。【说文】祭祀也。从示,右手持肉。又【尚书·大传】祭之言察也。察者,至也,言人事至于神也。又【孝经·士章疏】祭者,际也,人神相接,故曰际也。详见【礼记·祭法 祭统 祭义】诸篇。又【广韵】【集韵】侧界切【韵会】【正韵】侧卖切,𠁥音债。周大夫邑名。又姓,周公子祭伯,其后为氏。

可以发现,《字典》第2卷"祭"的译义中没有对"祭"的字形解释。《康熙字典》中"祭"的释义"言人事至于神""人神相接"等内容在《字典》中得到了体现,而《康熙字典》中所没有的佛教徒不祭祀的内容是编者马礼逊补充的文化信息。

《五车韵府》中的"祭":

> From 月 flesh, and 又 with right hand to manifest or declare. To carry human affairs before the gods. That which is the medium between, or

brings together, men and gods. To offer flesh in the rites of worship; to sacrifice with victims. The sect of Buddha does not sacrifice.

祭祀 to sacrifice; to offer sacrifice.

祭牲 to sacrifice victims.

祭扫 to sacrifice and sweep; i.e. to offer a sacrifice of fish, fowls, swine or sheep, with an oblation of wine to the manes of deceased relatives, and to repair the tombs.

祭天 to sacrifice to Heaven.

祭文 a written prayer which accompanies a sacrifice.

《五车韵府》中"祭"的译义比《字典》第2卷丰富，既包括了"祭"字的字形意义分析，还收录了祭祀、祭牲、祭扫、祭天、祭文等条目，尤以对祭扫的介绍最为详细，包括祭品、祭扫对象，以及祭扫的具体行为。

古汉语中表祭祀总称的另一个上位义是"祀"。我们来看《字典》第2卷中"祀"的译义情况：

祀 To sacrifice; to sacrifice to the gods or to departed spirits. One says, that Sze implies Like; as if; sacrificing is like meeting with those who have departed to a separate state.

《康熙字典》中，"祀"的释义比"祭"详细：

〔古文〕禩【唐韵】详里切【集韵】【韵会】象齿切【正韵】详子切，音似。祭也。【书·洪范】八政，三曰祀。【礼·祭法】圣王制祭祀，法施于民则祀之，以死勤事则祀之，以劳定国则祀之，能御大灾则祀之，能捍大患则祀之。又【月令】春祀户，夏祀灶，秋祀门，冬祀行，中央土，祀中溜。又【祭法】王为群姓立七祀，诸侯为国立五祀，大夫立三祀，适士二祀，庶士庶人一祀。又年也。【书·伊训】惟元祀。【传】取四时祭祀一讫也。【释名】殷曰祀。祀，巳也。新气升，故气巳也。又【孝经·士章疏】祀者，似也。似将见先人也。又叶夷益切，音亦。【诗·小雅】以为酒食，以享以祀。叶上翼下福，福音壁。又叶养里切，音以。【诗·大雅】克禋克祀，以弗无子。【司马相如·封禅颂】孟冬十月,君徂郊祀,驰我君舆,帝用享祉。又叶详兹切,音祠。【参同契】紊土立坛宇,朝暮敬祭祀。鬼物见形象,梦寐感慨之。【集韵】或作祀。

《康熙字典》中“祀”的释义包括祭法规定举行祭祀的各种情况、祭祀者的等级规定、祭祀的月令、《孝经》中对“祀”的注疏,以及《诗经》等文献中含“祀”的例证。但《字典》第2卷中“祀”的译义只涉及了祭祀的对象:各种神或逝去的先人,以及【孝经·士章疏】中的“祀者,似也。似将见先人也”的译义。

再来看《五车韵府》中的“祀”:

To sacrifice; to sacrifice to the gods or to departed spirits. One says, that Sze implies Like as if; sacrificing is like meeting with those who have departed to a separate state. An ancient designation of the year.
绝祀 having none related to sacrifice to one's manes.
祀鬼 sacrifice to the devil.
祀神 to sacrifice to the gods.
祀昊天上帝 to sacrifice to Heaven, or to the Supreme Power therein.
祀皇地 to sacrifice to the earth.
祀之牲必用牷物 for the victims in sacrifice, perfect animals must be used, they must be without blemish.
祀先人 to sacrifice to the spirits of the deceased.

《五车韵府》中“祀”的基本译义与《字典》第2卷相同,但多了7条含“祀”字的例证,主要是介绍祭祀的对象:天、地、鬼、神、先人等,还介绍了对祭牲的要求等。

《英汉词典》中与祭祀场名相关的极少,只有 sacrifice 条目中有 sacrifice 的简单对译:

To sacrifice,祭,祭祀,上祭,奉祭,献祭

6.3.1.2 《华英字典》核心结构中其他祭祀名称的译义元语言描写

与阐释

“祭祀”作为核心结构的场名，表达祭祀语言文化场共同的语义核心特征，是对祭祀文化内涵最大限度的抽象与概括。语言文化场核心结构除了“祭”“祀”外，还包括其他表示祭祀的名称，体现的是祭祀某个或某几个方面的特点。总体而言，《华英字典》两部汉英词典中对大多数表祭祀名的汉字译义时都只简单提及是一种祭名，没有提供更多的信息，如：

宜 Name of a sacrifice
祕 The name of a sacrifice
祔 A certain sacrifice
祖 A sacrifice

以上对“宜、祕、祔、祖”的译义中都没有进一步说明所指祭祀的更多情况，比《康熙字典》中相关字的释义简略很多。如“宜”，在《康熙字典》中表祭名的义项下，指出了祭祀的地点是“社”，祭祀的起因是“起大事，动大众”：

宜 又祭名。【书·泰誓】类于上帝，宜于冢土。【注】祭社曰宜。冢土，社也。【礼·王制】宜乎社。【注】引尔雅，起大事，动大众，必先有事乎社，令诛罚得宜。

又如表示祭名的“祖”，在《康熙字典》的释义中指明了“祖”是对道神共工之子修的祭祀：

又祭道神曰祖。共工之子曰修，好远游，舟车所至，靡不穷览，故祀以为祖神。

《字典》及《五车韵府》中表祭祀名称的其他词汇按语义可分成4类：(1)表示特定时间的祭祀；(2)表示祭祀目的；(3)表示祭祀对象；(4)表示祭祀规模。

(1)表示特定时间的祭祀，如“尝、禴、祠、烝、禶、禬”：

《字典》第 1 卷"尝"有一个义项是:name of an autumn sacrifice,条目中说明了"禴、祠、烝、尝"这四个祭祀名各自所指的祭祀时间:

宗庙之祭夏曰禴春曰祠冬曰烝秋曰尝。In the hall of ancients, the summer sacrifice is called YO; the spring sacrifice is called Sze; the winter, Ching; and the autumn, Chang.

《五车韵府》中表祭祀名称的"尝"译义就相对简单:The name of a certain sacrifice.,未提及祭祀的时间。"𫁲、禬"的译义中则提及了祭祀的时间,一个是在秋天,一个是在年底:

𫁲 Name of an autumnal sacrifice.
禬 The name of a sacrifice offered in the close of the year.

对比《康熙字典》中的"𫁲":

【五音集韵】力求切,音刘。立秋祭名。

《康熙字典》中"𫁲"的释义虽也简单,但指出是立秋祭名,而《五车韵府》中只粗略地说明是秋天的祭祀,未明确是立秋时的祭祀。

(2)表示特定目的的祭祀,如《字典》第 2 卷中"祓、禬、禳、禳"的译义说明祭祀的目的是驱邪,"雩"的译义中说明祭祀的目的是祈雨:

祓 Name of a sacrifice intended to expel evil and noxious influences.
雩 Sacrifices intended to implore rain.
禬 To assemble and offer sacrifices for the removal of some evil, or calamity.
禳 A sacrifice to put away evil.
禳 Sacrifices to dispel evil.

有的祭祀名称不止一种含义，如《字典》第 2 卷中“珥”的译义：

珥 A spring sacrifice intended to expel disease. To clear away the feathers from the ear of a bird previously to shedding its blood in sacrifice, which ceremony it intended to prefigure the divinity's opening his ear to the prayer of the penitent. To shed blood in sacrifice.

“珥”的译义中提及了祭祀时间及祭祀目的两个方面，表明“珥”是春季为祛除疾病而进行的一种祭祀，译义中还介绍了这一祭祀的仪式。《五车韵府》中“珥”的译义与《字典》第 2 卷完全一样。

(3)表示特定对象的祭祀，如《字典》第 2 卷中的“賨柴、祾、祽、稷”等：

賨柴 A sacrifice to Heaven.
祾 A sacrifice offered to a hill.
祽 Name of a sacrifice offered to the moon.
稷 Certain sacrifices to the gods of the grain.
禓 To offer sacrifice to the spirit of a road.
祃 Certain sacrifices offered by persons who travel, intended to be addressed to the road; also sacrifices offered by military commanders before a battle.
禅 Certain sacrifices offered to the spirit of the domestic furnace.

上述各汉字的译义分别简要阐释了祭祀的对象是天、山、月、谷神、路神等。

(4)表示特定规模的祭祀，如“餟、禯”：

餟 A small sacrifice.
禯 A liberal sacrifice.

“餟、禯”在《康熙字典》中的释义也比较简略：分别是“小祭也”和

"厚祭"。

以上是对祭祀语言文化场核心结构中祭祀名称的考察。从对各类祭祀名称的译义考察可以发现,这些表示祭祀的汉字通过共同的译义文化元词 sacrifice 串联起来,构成祭祀语言文化场的核心结构,其中"祭""祀"作为总场名,最大限度地概括了祭祀语言文化场共同的语义核心特征,而"宜、祖、祓"等分别是表示祭祀对象、祭祀时间、祭祀目的的祭祀名称,只能揭示祭祀的部分语义特征。《华英字典》中表示祭祀名的汉字大都分布于《字典》的第 2 卷和第 3 卷,词典中对这些祭祀名的译义元语言描述大都是简单地说明汉字指一种祭祀名,或者简要说明祭祀的性质或类别。这些表示祭祀名称的汉语在《五车韵府》中大多收录,译义大多与《字典》第 2、3 卷一样简略,少数的比《字典》多几条短语例证。《字典》中对于祭祀名称的译义都较为简略,第 1 卷中只有少数几个表示祭祀名的汉语词,但译义元语言的阐释比《五车韵府》详细。

6.3.2 《华英字典》祭祀语言文化场的中心结构

中心结构是祭祀语言文化场的主体部分,各子场围绕祭祀主题和分主题相互区别与联系,形成一个开放的、场的层次系统。中心结构按照分主题的语义表达类别可分为物质文化知识层、制度(规范)文化知识层和精神文化知识层,祭祀对象、祭器、祭品、祭祀时间、祭祀场所、祭祀行为等根据语义分别归入这三个层面的语言文化场框架中。下面将在语言文化场框架中考察《华英字典》译义文化元词 sacrifice 所构建的中国祭祀文化系统的特点。

6.3.2.1 物质文化知识层

祭祀物质文化知识层包括所有用以满足祭祀需要的、经过加工的自然物品和人造物品,包括祭器和祭品,以及祭祀的场所、时间、祭祀的各种方式等。祭祀物质文化中,以祭祀器具、祭祀食品、祭祀场所、祭祀方式等次场最为典型。本研究将《华英字典》中 sacrifice 指向祭祀物质层面各次场的汉语词汇收集起来分析,需要指出的是,《英汉词典》中没有与 sacrifice 对应的表示祭祀物质文化的词汇。

一、祭器:祭器可根据用途来分类,如盛酒、盛肉、盛谷物、盛祭祀用牲体等;还可按祭器的性状来分,如祭器的材质、尺寸等。表示祭器的汉语利用 sacrifice 及其衍生词和 vessel 进行搜索,两部汉英词典《字典》和

《五车韵府》中表示祭器的词汇收录较多,《英汉词典》中没有提及。表6-5是两部汉英词典中出现的祭器名称。

表 6-5 《字典》与《五车韵府》中的祭器

《字典》第 1 卷	祭器，卣，匕，彝，罍，俎，盄
《字典》第 2 卷	房，禣，槤，璾，盄，彝，笠，簋，簠，籩 朼，市，燔柴，楢，烄，樌，祡
《字典》第 3 卷	肵，蕝，豆，豋，钣，鉏，铏，鉹，鍸，鼏，葅，蒲
《五车韵府》	房，璾，彝，豆，笠，笾豆，俎，託，膴，脀，钣，铏，鉹， 簠，簋，隋，鼏，禣，爵，蜀，卣，楢 匕，葅，阼，朼，祡，蒲，簝

《华英字典》中不少祭器名的译义只提及是用来祭祀的器具,没有其他信息介绍,如《字典》第 2 卷中的"禣、房",第 3 卷中的"豋":

禣 A vessel used in offering sacrifice
房 A certain vessel used in sacrifices
豋 A certain vessel used in sacrificing

祭器按功能可分为:盛酒的祭器,盛肉或牲体的祭器,盛粮食的祭器,盛羹的祭器,等等。

1. **盛酒的祭器**。如《字典》第 1 卷中的"卣":

卣 A vessel of a middling size, used, in sacrificial rites to contain wine. 尊彝为上罍为下卣居中"Of wine vessels, the E is the superior, or larger class; the Luy, the inferior; and the Yew, holds a middle place."

《字典》中"卣"的译义基本包括了《康熙字典》中"卣"义项的要点。"卣"的译义元语言描述中首先涉及了卣的尺寸"a middling size"(中尊器也)及用途"contain wine"(盛酒尊)。接下来一句汉语"尊彝为上罍为下卣居中”描述了三种规格酒器对于祭祀的重要程度,认为“彝”用于高级的祭祀,“罍”用于低等的祭祀,“卣”居中。将《华英字典》中“卣”的译义与《康熙字典》的释义进行对比:

〔古文〕卤【唐韵】与九切【集韵】【韵会】以九切【正韵】云九切,𠀤音酉。【玉篇】中尊器也。【尔雅·释器】卣,器也。【注】盛酒尊。【疏】卣,中尊也。孙炎云:尊彝为上,罍为下,卣居中。郭云:不大不小,在罍彝之间。【诗·大雅】秬鬯一卣。又作修。【周礼·春官·鬯人】庙用修。【注】郑曰:修,读曰卣。又【唐韵】以周切【集韵】夷周切【正韵】于求切,𠀤音由。义同。考证:〔【诗·大雅】秬卣一卣。〕谨照原文卣改鬯。

《康熙字典》的“卣”字条目中只有对罍彝卣三种酒器大小的对比和描述,未提及三种酒器与祭祀规格的关系。《五车韵府》中“卣”的译义比《字典》第 1 卷中的简单:“卣 A vessel of a middling size, used, in sacrificial rites to contain wine”,没有涉及卣与彝、罍规格的对比。

《字典》第 2 卷中“彝”与《五车韵府》中的译义相同,短短一句的信息量不少,包括彝的形状“vase or tripod”、用途“containing wine”、使用地点“in temples”和用于祭祀的规格“at great sacrifice”:

A kind of vase or tripod for containing wine used in temples at great sacrifices.

《康熙字典》中的“彝”:

〔古文〕𢑱𢑲𢑳【唐韵】以脂切【集韵】【韵会】【正韵】延知切,𠀤音姨。【说文】宗庙常器也。从糸。糸,綦也。廾,持米器,中实也。彑声。【左传·襄十九年】取其所得,以作彝器。【注】谓钟鼎为宗庙之常器。又【广韵】酒尊也。【尔雅·释器】彝卣罍,器也。【注】皆盛酒尊,彝其总名。【周礼·春官·小宗伯之职】辨六彝之名物,以待祼将。【注】六彝,鸡彝,鸟彝,黄彝,虎彝,蜼彝,斝彝。又【广韵】法也。

【周礼·春官】司尊彝。【注】彝,法也。言为尊之法也。又【尔雅·释诂】常也。【书·洪范】彝伦攸叙。【诗·大雅】民之秉彝。【玉篇】一作彜。考证:〔【尔雅·释器】彝卣垒,器也。〕谨照原文垒改罍。

《康熙字典》中没有涉及彝的形状,而《华英字典》中译义元语言 tripod 可以让西方读者大体了解彝是三脚形状的,《康熙字典》中彝是彝卣罍的总称以及六彝的具体所指等信息没有在《华英字典》中进一步介绍。

"彝、卣、罍"中的"罍",在《康熙字典》中的释义如下:

〔古文〕櫑【广韵】鲁回切【集韵】【韵会】【正韵】卢回切,<u>丛</u>音雷。【说文】櫑或从缶作罍。龟目酒尊,刻木作云雷象,象施不穷也。【诗·周南】我姑酌彼金罍。【释文】罍,酒尊也。韩诗云:天子以玉饰,诸侯大夫皆以黄金饰,士以梓。【周礼·春官·司尊彝】皆有罍,诸臣之所酢也。【疏】尸酢宾长,即用罍尊。【尔雅·释器】彝卣罍器也。小罍谓之坎。【注】罍,形似壶,大者受一斛。【疏】罍者,尊之大者也。虽尊卑饰异,皆得画云雷之形,以其云罍取于云雷故也。又【周礼·春官·鬯人】凡祭祀社壝,用大罍。【注】大罍,瓦罍。又【礼·明堂位】山罍,夏后氏之尊。【注】山罍,亦刻而画之,为山云之形。又【集韵】伦追切,音累。义同。考证:〔【说文】刻木作云雷,象施不穷也。〕谨按原文以刻木作云雷象为句,施不穷也上另有象字,今据增入。

《字典》第 3 卷中的"罍":

A vessel to contain wine, with clouds and thunder depicted on it, to denote the stimulating effects of wine;a vessel to wash or bathe in.

《五车韵府》中的"罍"比《字典》第 3 卷中的详细:

A vessel to contain wine, with clouds and thunder depicted on it, to denote the stimulating effects of wine; a vessel to wash or bathe in, depicted in a manner similar to the preceding, to inspire awe.

以上考察了彝卣罍三种祭器在两部分汉英词典中的译义情况，并与《康熙字典》中这三个字的释义分别进行了对比。《康熙字典》中并没有说明三种不同规格酒器与祭祀等级规格的关系，从马礼逊在解释“尊彝为上罍为下卣居中”时使用的介绍等级的词语 superior、inferior、middle place，以及“彝”译义中的 at great sacrifice，可见他认为彝罍卣对应的祭祀规格是有区别的，表明他对祭器的大小所反映的等级关系的关注。

2.盛食物的祭器：

1）不确指所盛食物类别的，如“豆”：

《字典》第 3 卷和《五车韵府》对于“豆”作为一种祭器的简单译义：

豆 Name of an ancient vessel to contain food, and used in the rites of sacrifice.

《康熙字典》中“豆”作为祭器的释义：

豆，祭器，状如镫。【礼器】天子之豆二十有六，诸公十有六，诸侯十有二，上大夫八，下大夫六。【乡饮酒义】六十者三豆，七十者四豆，八十者五豆，九十者六豆，所以明养老也。【史记·乐书】簠簋俎豆，礼之器也。

《康熙字典》对“豆”的祭器释义中，详细说明了不同祭祀者所用豆的规格，而《华英字典》中只简单地说明豆是祭祀仪式中盛食物的器皿。

2）盛肉或牲体的祭器，如《字典》第 1 卷中的“俎”，译义非常简单：

俎 A vessel used to contain the victim in sacrifice

《字典》第2卷的“笠”：

笠 An ancient vessel to contain meat, used in the rites of sacrifice

以上译义都只是简要地介绍了祭器盛肉或盛牲体的功能。

3）盛粮食的祭器，如《字典》第2卷中的“盀、齍、璾”：

盀 A vessel to contain rice, used in the rites of sacrifice
齍 A vessel used to contain grain in certain sacrifices
璾 A vessel which contains the grain offered in sacrifice

以上译义只简单说明是盛祭祀用谷物的容器，没有其他附加信息的说明。

4）盛羹的祭器，如“铏”：

铏 A certain vessel used in sacrifice, designed to contain a kind of soup made of fragrant herbs and flesh.

“铏”的译义中，除指出铏是一种盛羹的祭器外，还介绍了所盛羹的成分。

总体来说，《华英字典》对各类祭器的说明大都很简略，只包括祭器的内容物及用作祭祀的功能这两个基本信息，有些只简单指出是一种祭器。

3.**祭器性状**，如《字典》第2卷中的“簠”：

簠 A vessel used in sacrificing, square outside and round inside.

“簠”的译义中描述了祭器外方内圆的性状，但没有提及所盛内容及祭祀场合。《康熙字典》中“簠”的释义说明了簠盛的是粮食：

【论语注】周曰簠簋,宗庙盛黍稷之器。

"簋"是与"簠"共现的汉字,《字典》第2卷中的"簋":

簋 A square vessel for containing grain, used in sacrifice.

比较《康熙字典》中"簋"与祭器相关的释义:

【说文】黍稷方器也。【广韵】簠簋,祭器,受斗二升,内圆外方曰簋。【周礼·冬官考工记】旊人为簋,实一觳,崇尺。【疏】祭宗庙用木簋,今此用瓦簋,祭天地及外神,尚质,器用陶瓠之意也。【易·损卦】二簋可用享。【注】离为日,日体圆。巽为木,木器圆。簋象,则簋亦以木为之也。【诗·秦风】于我乎每食四簋。【传】四簋:黍稷稻粱。【周礼·地官】舍人凡祭祀共簠簋。

《康熙字典》中描述了簋的形状:内圆外方。但《华英字典》中没有对簋形状的描述。而"簠"的译义元语言描述了其外方内圆的形状特点。

对《华英字典》关于祭器的译义元语言的考察可以发现,关于祭器的译义大多很简略,只提及其作为祭器的属性,或是指出用以盛放何种祭品。各种祭器用于何种祭祀场合,不同层级的人所用祭器的规格等少有提及。

二、祭品

"祭"的意思是"人神相接",而祭品正是宗教祭祀活动中宗教信仰者向神灵传递各种信息、表达思想感情和心理意愿的媒介或载体,是人与神进行交换并且相互认同的途径和手段。没有祭品作为中介,宗教祭祀活动就失去了意义,主体内在的观念意识也难以充分地表达出来。(李金平 2007)祭品作为祭祀中人神交接的媒介,其种类、用途等与祭祀的类别相关,不同类别的祭祀对于祭品有不同的规定。两部汉英词典中的祭品出现较多,见表6-6。

表 6-6　汉英词典中的祭品名称

《字典》第 1 卷	胙，匄，衈，新谷
《字典》第 2 卷	祉，畜，犉，犊，膰，燔，福，洎，牢，熰，裖，牲，祱，特，牺，禒，稰，瘗，粢
《字典》第 3 卷	餸，草稍，鬯，饎，膰，肥，藉，脐，臂，苹蘩，甶，肜，脤，豚，血，馌，蘱，郁，阼
《五车韵府》	餸，鬯，饎，纯，犉，膰，燔，肥，福，糗，匄，藉，洎，馂，牢，明视，熰，苹蘩，遣车，牷，脍，脤，裖，牲，牲骨，特，牺，牺牛，牺牲，牺羊，孝享，稰，血，祎，蘱，郁，粢，粽

《英汉词典》中只有两处是关于祭品的：一处是介绍作为祭品的金猪：Roasted pig for the purposes of sacrifice,金猪；另一处提及人祭：

> Human sacrifice were offered by 宋襄楚灵 the king Seang of the state Sung, and the king Ling of the state Tsoo: B.C. 918.

《字典》和《五车韵府》中的祭品可分为四类：

1. **祭祀所用的牲畜，**如《字典》第 2 卷中的"牲、牷、牺、犉、特、犊、牺牛"等：

> 牲 Cattle used for victims in sacrifice. The 三牲 three victims, are bullocks, sheep, and swine. The 六牲, are horses, kine, sheep, fowls, dogs, and swine

《字典》对"犊、豚"的译义都仅侧重于介绍其用于祭祀的功能：

> 犊 A victim for sacrifice.
> 豚 A fat hog, which is indispensable when sacrificing at the temples.

用于祭祀的牺牲等祭品，在祭辞中都有别称，祭祀时不得直呼其名，例如牛曰一元大武，豕曰刚鬣，豚曰腯肥，羊曰柔毛，鸡曰翰音，犬曰羹献，雉曰疏趾，兔曰明视，等等。（詹鄞鑫 1992:228）《五车韵府》中“兔”条目下介绍了这一知识，指出祭祀用兔被称为“明视”。

> 兔 The hare, which in the language of the temples, where every animal sacrificed has a peculiar name, is called 明视.

2. **肉类祭祀品**，如《字典》第3卷中的“脤、祳”：

> 脤 The flesh of a victim used in sacrifice
> 祳 The flesh used in sacrifices offered to the gods of the land ; raw flesh, when dressed for sacrifice is called 膰.

《字典》中对“脤”的解释很简略，未提及用于何种祭祀，用何种祭器盛，以及是生是熟等。“祳”的译义比“脤”的稍详一些，说明“祳”是生肉用于社祭，并与“膰”对比。

《字典》第2卷中“膰”的译义较为简单，未与“脤、祳”对比：

> 膰 Roasted victims for sacrifice

3. **祭祀品为谷类或植物类**，如《字典》第2卷中的“明粢、粽”：

> 明粢 the boiled rice which is used in sacrifice.
> 粽 A quantity of rice bound up in a certain leaf with silk cords of various colours, then boiled and thrown into a river as a sacrifice to the manes of 屈原 Keuh-yuen, a minister of state, beloved by the people, who having been falsely accused, drowned himself about 300 years B. C. The same observance continues to this day, and is annually performed on the 5th of the 5th moon, accompanied by the amusement of dragon-boats and beating of drums, intended to strike awe into the evil spirits that may lurk about the river.

《字典》中的“明粢”译义简略,但“粽”内容较多,介绍了五月初五纪念屈原的传统习俗。

4. **祭祀品为血**,如《字典》第3卷中的“血”:

血 The blood of victims offered in sacrifice, hence from 皿 a vessel 有遮弥女神祠须人血以祀之 they had a temple to a goddess called Chay Me, to whom it was necessary to sacrifice with human blood; said of an ancient tribe in the neighbourhood of Kan-su province.

以上考察了《字典》和《五车韵府》中祭品的译义情况。祭品和祭器虽同为用于祭祀的物品,但祭品更为贴近日常生活,而祭器则更专用。从上述实例可以看出,相比于《华英字典》对祭器的描述,对祭品的说明和解释要略详一些。

三、祭场

祭场是祭祀的场所。《华英字典》中对祭场名称的描述见表6-7,最多的是在《字典》第1卷中。

表6-7 《华英字典》中的祭场

《字典》第1卷	圆丘,方丘,冢土,南郊,场,坛,墦,陵寝,泰坛,坎坛,社
《字典》第2卷	禅,畤,亶
《字典》第3卷	蹲,郊
《五车韵府》	场,丘,圆丘,方丘,畤,禅,墠,南郊,祭场,坛,陵寝
《英汉词典》	祠祀

天地是万物之本,“圆丘祭天,方丘祭地”,所以圆丘、方丘是最重要的两个祭地。《字典》第1卷对祭祀场所的介绍中,提到了圆丘、方丘、坛、泰坛、坎坛、场、社等,说明了这些场所对应的祭祀对象,如祭祀天的圆丘、祭祀地的方丘、祭祀百神的场等。

圆丘 An eminence on which they sacrifice to Heaven. 方丘 lower place on which they sacrifice to the Earth

冢土 A mound of earth;an altar of earth on which to sacrifice.
南郊 The hill on which they sacrifice to heaven,at the winter solstice.
场 Ground dedicated to offering sacrifice to the gods;
坛 An altar at which to offer up sacrifice,pronounce oaths,or perform other religious services;T'han denotes 祭场,An arena or level space on which to sacrifice.
泰坛 is a round hillock or altar;the word Tae,Great,is applied to show respect toil.(Le-king.) The altar on which they sacrificed to the earth was square. 坎坛,Was an altar on which they sacrificed to the four points of the compass;the sun and moon,heat and cold;the stars,clouds,hills,groves;all spirits and princes;those who had lost their territory had no sacrifices offered to them.
社 denotes the sacrifices which are offered to the gods of the land. It sometimes denotes also the altars where they are offered.
孙权祭南郊:
Sun-kuen... reigned as king till the age of 71, when he died in consequence of a cold caught in 祭南郊 offering sacrifices in the southern common.

《字典》第2卷和第3卷中只提到少数几个祭场名称,且只有非常简单的说明,如第2卷中的"庋、畤":

庋 A place of sacrificing
畤 A place of sacrifice

四、祭祀时间

表6-8 《华英字典》中的祭祀时间

《字典》第1卷	七夕日,上丁日,腊祭夕
《字典》第2卷	
《字典》第3卷	鐸
《五车韵府》	七夕
《英汉词典》	5月5日　七月七日

《华英字典》中出现的祭祀时间不多,见表 6-8。

《字典》中有对祭祀时间的说明,如:

> 上丁日 In the second and eighth moons, sacrifices of sheep and hogs are offered at the temples of Kung foo tsze.
>
> 七夕日 an evening on which all unmarried women in China, offer sacrifice to, and worship two stars in the Milky Way.
>
> 腊祭夕 In the close of the year, sacrifices are offered in the evening to these two demons.

"上丁日"的英语译义元语言介绍了祭祀的时间是 2 月和 8 月,祭品是羊和猪,祭祀对象为孔夫子。"七夕(日)"说明祭祀的时间是晚上,祭祀者为中国未婚女子,祭祀对象为银河中的两颗星。

《英汉词典》中有两处提及祭祀的时间:

> 5 月 5 日 The day is 宜祭祀上表章上官出行 proper for offering sacrifice, presenting a memorial to the emperor
>
> Sacrifice at the tombs of ancestors, and sweep them on the 7th of the 7th moon 七月七日祭扫祖茔

五、祭祀的方式

祭祀的方式包括祭祀过程和祭祀行为。《华英字典》中描述祭祀方式的词语见表 6-9。

表 6-9 《华英字典》中的祭祀方式

《字典》第 1 卷	祭祀则共匰主,坎,祭扫坟墓,幂,祇,制祭,进血腥之时,羞首者进喙祭耳,乐具人奏,奠彻,前主人降,祭奠,积柴于坛上,燔柴于泰坛,祭南郊
《字典》第 2 卷	稷,禷,糦,祰,禮,禘,盥,瘞

续表

《字典》第 3 卷	馈，餷，珅，胙，腏，举，衈，䥇，谄，酻，醊，衅，隋
《五车韵府》	胙，钣祭，享，盥，诅盟，酻，禷，盟誓，坎，畝，祰，举，唱礼，奠彻，瘞，制祭，彻馔，彻俎，餟，稷，羞首者进喙祭耳，泛祭，衅，䥇，祼，餇，禭

1.祭祀行为

《字典》第 1 卷中涉及祭祀行为的表述最多,如焚烧祭天的方式:

> 燔柴于泰坛祭天也 Lit up the wood upon the great altar to sacrifice Heaven

焚烧祭祀的方式中,介绍较为详细的是祭天之礼:

> 积柴于坛上加牲玉于柴上乃燎之使气达于天此祭天之礼也 Pile wood upon the altar, on the wood lay victims and precious stones, then put fire thereto, and cause the smoke to ascend to Heaven; this constitutes the rite of sacrifice to Heaven.

2.祭祀过程,

祭祀前:制祭的准备、制祭品、摆放祭品、在祭器上盖布、在祭祀像前地上置酒杯;祭祀中:祭祀时祈祷、祭者的参与行为;祭祀结束时:退场、撤祭具和祭品等,《字典》第 1 卷中均有提及:

> 羞首者进喙祭耳 The superintendant of the sacrificial victims, introduces the mouth of the animal, and the most honorable person takes it by the ear to lead it to be sacrificed.
> 制祭 To cut and divide a victim about to be sacrificed
> 进血腥之时君断制牲肝祭神于室 When the bloody parts of the sacrifice arc to be introduced, the Prince himself divides the victim's liver, and, in the house, sacrifices to Deity.

坎 To dig a hole in order to sacrifice.

幂 To cover over, as with an embroidered cloth, the vessels used in sacrifice.

祭祀则共匰主 When about to sacrifice, then supply the platter containing tablets.

託 In the rites of sacrifice, to place a cup with wine on the ground, in the presence of the idol.

匕 a wooden ladle, with which flesh is lifted from the pot when performing the rites of sacrifice: not in common use.

哜小祥之祭主人之酢也哜之大祥主人啐之众宾皆饮之可也 At the annual funeral sacrifices, the master in tasting the oblation may sip it with his lips, the guests and brothers may all then take of it into the mouth. In the funeral sacrifices performed twenty-five months after interment, the master may take of the libation in his mouth, and the guests and brothers all drink of it. (Le-king)

奠彻 To remove the utensils or offerings used in sacrifice.

前主人降 To lead or conduct down the persons on offering the sacrifice after the rites are finished.

相比之下,《字典》第 2 卷、第 3 卷对祭祀行为的描述相对就简略很多,如以洒酒方式祭祀神灵的"醊":

醊 To pour out libations of wine when performing the rites of sacrifice.

以血祭的方式祭祀神灵的"衅":

衅 To smear the vessels used in sacrifice with the blood of the victims.

以焚烧的方式祭祀神灵,如"槱、烄、柴":

槱 To heap up the fuel at a sacrifice.

烄 To light up the sacrifice to Heaven.

祡 To burn wood in sacrifice to the gods of Heaven, or to Heaven.

以上考察了祭祀语言文化场中心结构中的祭祀物质文化层。译义元语言的描述和说明中,sacrifice 作为祭祀的译义文化元词,与 vessel、victim、flesh、food 等词一起,将祭祀所涉及的物品及其他与祭祀活动相关的自然性事物联系起来,起到了线索和语义网络节点作用,构建起祭祀文化的物质文化场,形成包括祭器、祭品、祭祀场所、祭祀时间,以及祭祀实施过程和行为等的次场。

物质文化中凝聚着制度文化的因素,又凝聚着观念形态的因素,因而对物质文化不仅应关注它的物质性的表象,还应关注其文化内涵,即人文特征和民族特色。祭祀者、祭祀对象不同,祭器、祭品和祭祀规模等也随之不同,体现出祭祀礼仪习俗中的中国社会等级关系等制度文化的特点。《华英字典》中对祭器和祭品、祭祀场所、祭祀时间、祭祀行为等的介绍构成了较为完整的祭祀物质文化场,但具体的描述和说明较为简略,如"犊" a victim for sacrifice;"且" a vessel used in sacrifice;"畤" A place of sacrifice 等。《英汉词典》中几乎没有对中国祭祀的物质文化层面的介绍。《字典》第 1 卷中对祭祀场所、祭祀过程和祭祀行为的描述相对详细,但整部《华英字典》很少揭示物质文化层面背后所体现的制度文化和精神文化的特点。总的来说,《华英字典》中译义文化元词 sacrifice 构建的祭祀物质文化场有足够的广度,但深度不够。这一特点与《华英字典》译义元语言语义分布中表示物质文化的词语比例少于制度文化和精神文化的比例是一致的。

6.3.2.2 制度(规范)文化知识层

所谓制度文化,是指人类协调各方面关系、规范自身行为的文化产物,反映的是人与人之间的关系,也称为规范文化。人与人之间基于各种社会关系结成各种社会组织,形成各种社会交往和人际关系类型。

祭祀是一种向神灵献祭的宗教行为,是借助祭品、仪式以及祝语等媒介交接鬼神,但实质上反映的是社会人际关系,也是民族思想、民族意识和民族价值外化的一种表现形式。(曹建墩 2009:301)同具有明显外在性的祭祀物质文化相比,祭祀制度文化在整个祭祀文化中是深一个层次的文化。祭祀文化的制度文化层面涉及祭祀活动中产生的各种社会关系，如祭祀活动的祭祀者、主持者、祭祀对象、祭祀活动的模式和准则等，在这些交往活动及人际关系中蕴含着丰富的民族文化传统、习俗、生活方式以及世界观、审美观、价值观。分析马礼逊对《华英字典》祭祀文化中祭祀制度的描述，可以揭示他对中国祭祀文化背后蕴含理念的认知。下面将从祭祀参与者、祭祀对象、祭祀礼仪等方面来考察《华英字典》中通过译义元语言呈现的祭祀制度文化。

一、祭祀参与者

祭祀参与者包括祭祀者、祭祀对象。表 6-10 为《华英字典》中出现的祭祀者。

表 6-10 《华英字典》中的祭祀者

《字典》第 1 卷	男巫，曾孙，孝孙
《字典》第 2 卷	爟
《字典》第 3 卷	
《五车韵府》	祭主，爟，佾，礼生，祭酒，绝祀无嗣也
《英汉词典》	祭者，主祭，助祭

1.祭祀者

古代祭祀是权力的象征，祭祀的等级象征着权力的等级。《礼记·王制》云：天子祭天地，诸侯祭社稷，大夫祭五祀。《礼记·祭义》中主要记述了两类祭祀活动：一类是国家的祭祀活动；一类是家族的祭祀活动。国家的祭祀活动由天子主持；家族举行的祭祀活动，由这个家族最具权威的男主人担任孝子的角色进行祭祀。

《华英字典》涉及的祭祀参与者包括祭主、曾孙、孝孙、尸（代替祖先享用祭品的人）、男巫等。《字典》和《五车韵府》中对祭祀参与者的详细介绍不多，不成体系；《英汉词典》中只是简单地给出祭祀者的英译。

> sacrificer 祭者 The principal person officiating at the sacrifice 主祭 assistants 助祭(《英汉词典》)
>
> 祭主 The person who presides in offering sacrifice.(《五车韵府》)
>
> 凡临祭祀内事曰孝孙外事曰曾孙 Whenever persons enter upon the rites

of sacrifice, he who attends to the internal parts is called Henou-sun he who attends to the external affairs, is called Tsang-sun.(《字典》第1卷)

其中"曾孙"除了"孙之子"意义外,还有其他意义:古代天子为外事(巡狩、朝聘、盟会、战争)祭祀天地山川(本系先祖配享)时,曾孙作为主祭人的自称,而不是"您的孙之子"意。"孝孙"在内事(丧葬、婚嫁、求嗣)时是主祭人的自称,不是"孝顺您的'子之子'",只表示"您的后裔"之意。《字典》第1卷对"曾孙、孝孙"是音译,解释了两者在祭祀中的职责,对两种称呼所用的场合"内事、外事"没有进行解释。但下面选自《诗经》的例句中也有"曾孙"一词,马礼逊没有用音译,而是解释为 the master of the sacrifice。

曾孙之庾如坻如京 The master of the sacrifice possesses grain in stocks, large as islands, or as mountains. (She-king.)

下例描述了男巫在冬祭中的行为:

男巫冬堂赠无方无算 The male sorcerers, or wizards, in the winter offer sacrifices or oblations, which begin at the temple, and are directed to different quarters of the heavens and different distances, without any fixed rule. These were to expel diseases or pestilence. (Chow-le.)

《五车韵府》中介绍了负责唱礼的礼生。《字典》"唱"字条下没有"唱礼""礼生"这两个词。

唱礼 to give the word at great sacrifices for the performance of the several prostrations and so on. The master of ceremonies is called 礼生

佾 A kind of band of musicians arranged in squares, used when sacrificing in the temple of ancestors.

坐如尸立如齐 Sit (steadily and formally) as (he who personates) the corpse (of a departed ancestor), when sacrifices are offered; and stand with reference and gravity as worshippers before an idol. Such are the precepts of the Le-king to persons generally.

《五车韵府》中两次提到“绝祀”，解释了绝祀是没有子嗣为祖先祭祀的情况：

绝祀无嗣也 sacrifices cut off, denotes the case of those who have no posterity to offer sacrifices to them.

绝祀 having none related to sacrifice to one's manes.

2.祭祀对象

祭祀的对象分为天神、人鬼和地祇。天界神灵主要有天神、日神、月神、星神、雷神、雨神、风云诸神。地界神灵主要有社神、山神、水神、石神、火神及动植物诸神，它们源于大地，与人类生存密切相关，正如《说文解字》所言：“祇，地祇，提出万物者也。”人界神灵种类繁多，主要有祖先神、圣贤神、行业神、起居器物神等，它们直接与人们的日常生活密切相关。《华英字典》中提到的祭祀对象天界神灵和人鬼见表6-11。

1)祭祀对象为天界神灵和人鬼：

表6-11 《华英字典》中的神灵与人鬼

《字典》第1卷	肆类于上帝，女戈，以太牢祀三一，Sacrificed to the five emperors，女前山川所以傧鬼神也，句芒，鬼神之祭单，百鬼迪尝，祭坊与水庸事也，鬼神不飨其国，民工祠之众巫收百姓男女一
《字典》第2卷	祭虎以为神
《字典》第3卷	禡，辟，配享
《五车韵府》	马步，宗
《英汉词典》	Accept a sacrifice, said of Heaven or the gods, is expressed by the word 飨 To sacrifice to the road, 祭路；祖道 禡 the Tartars sacrifice to them

对于祭祀对象,3 卷本《字典》第 1 卷介绍最多,如"天"和"百神":

> 山川所以傧鬼神也 To sacrifice to "hills and rivers, is the way in which worship is paid to the gods." (Le-king.)

日月星辰及百神:

> (伊斯兰教)they 祀天不为像 Worship, or sacrifice to, Heaven but do not make idols.
> 句芒 Name of an idol to which sacrifices are offered in Spring.
> 祭坊与水庸事也 Sacrifice to the (spirits of the) dikes and of the dams, for the services performed by them. (Le-king.)
> 祭则鬼享之 offer sacrifice, and the Shades will enjoy it.
> 匆匆诸其欲其飨之也 How ardent desirous is he, (the dutiful son) wishing that his (parents Manes) may accept it gratefully, viz. the sacrifice which he offers.
> 尝新谷 A hundred (all the) spirits lusted the savour of the sacrifice offered.

《五车韵府》中描述了"神荼""郁垒"两个鬼神及对其的祭祀方式和祭祀时间:

> 神荼 or 郁垒 the names of two brothers, said to have lived in high antiquity, who were deified in consequence of their controul over evil spirits. Their names are pasted upon the doors of Chinese houses at the new year.腊祭夕 in the close of the year, sacrifices are offered in the evening to these two demons.

《五车韵府》中"宗"的一个义项指被祭祀的祖宗:

> 宗 that which is generally honored and sacrificed to

《英汉词典》中，介绍了“飨”的含义是天、上帝或神仙享受祭品：

> Accept a sacrifice, said of Heaven or the gods, is expressed by the word 飨 When the incense began to ascend, the Supreme Ruler accepted it;其香始升上帝飨之

2）**祭祖**

《华英字典》中对于祭祖的描述以《字典》第1卷最多，见表6-12。

表6-12 《华英字典》中的祭祖

《字典》第1卷	远庙八世祖，万物本乎天人本乎祖，勿勿诸其欲其飨之也，the rites of sacrifices to her manes，即墨，sacrifice or offer meat to the manes of their ancestors，人子之道莫重于事生，支子不祭 祭必告于宗子，墓祭不见于经，凡临祭祀内事曰孝孙外事曰曾孙，与其椎牛祭墓不如鸡豚逮存，宗，宗庙，宗祠，大宗，小宗
《字典》第2卷	
《字典》第3卷	在天之灵
《五车韵府》	绝祀

祭祖时用一定的礼节来表示对祖先的敬重和追思，在这种祭祀中，突出了“孝”的观念，对祖先的孝是通过祭祀这一活动来体现的。《字典》第1卷中关于祭祖的内容涉及祭祀者的资格、对先祖的态度等。

祭祖者的资格：

祭祀的对象虽是天神、地祇、人鬼，但实质上体现的是人与人之间的关系，既有帝王与臣民之间的关系，也有家族内成员之间的关系。等级差别在祭祀中通过严格的祭祀程序和礼仪规范体现出来，如家族祭祀中“支子不祭，必告宗子”，通过日常诸如宗族的祭祀活动，使得等级界限更加严格，同时族众的地位与作用也得以进一步明确。对祭祀资格的介绍，也是对中国古代封建宗法制度的一个说明。

宗法制度是为了维护统治秩序而规定的。以嫡庶制为核心的宗法制规定了贵族子孙有法定的等级区别：嫡为君，庶为臣，且支系子孙又继

续分嫡庶,由此形成不同层次的大宗小宗关系。大宗小宗不仅政治地位不同,连祖先祭祀权也泾渭分明,此即《礼记》所谓"诸侯不敢祖天子,大夫不敢祖诸侯",否则便是"非礼"。(詹鄞鑫 1992:183)在具有相同血缘关系的若干同胞氏族中,宗法制度规定只有大宗才有资格祭祀宗族远祖。(同上:180)《字典》第 1 卷中以下一例即是对祭祖者资格的介绍:

> 支子不祭,祭必告于宗子。the son of concubines may not sacrifice; if they would sacrifice, they must ask permission of the 宗子, or the son who has descended in a straight line of primogeniture.

《字典》第 1 卷中介绍祭祀祖先的礼仪:

> 禫 Sacrifices offered seven months after the decease of parents, when certain mourning is put off.
>
> 远庙八世祖则迁于坛有祷则祭 The service at the temples of ancestors so remote as eight generations, are removed to an altar; when prayers are to be made, sacrifices also are offered.
>
> 宗 a whole kindred or clan; that which is generally honored and sacrificed to 六宗 谓所尊祭者其祀有六 expresses that there were six things sacrificed to, as a mark of veneration
>
> 祫 A certain sacrifice to the manes of ancestors, which unites the near and the more distant; to collect or unite together the various provisions used in the sacrifice.
>
> 古者妇人先嫁三月教以妇德妇言妇容妇功 the wives of ancient times, three months before they were married, (were conducted to a temple or altar dedicated to deceased ancestors) and taught the virtues of a wife, the mode of speaking becoming a wife; the cast of countenance proper for a wife; and the work a wife should do, after which she offered sacrifices of fish, with water plants, intended to imply obedience.
>
> 被之僮僮夙夜在公 The ladies in the early twilight, are in the public hall (of sacrifice) moving slowly, and without causing the least motion of their head-dress.
>
> 祠 To offer a spring sacrifice to ancestors, to continue the recollection of them.

3）**祭圣贤**，见表 6-13。

表 6-13 《华英字典》中的祭圣贤

《字典》第 1 卷	地虽接天竺而俗与之异不供佛不祭神不拜尸所尊敬者惟一天字天之外敬先师孔子而已，上丁日祭孔，sacrifices of sheep and hogs, are offered up at the temples of Kung foo tsze 凡学春夏释奠于其先师，凡始立学必释奠于先圣先师，主于行礼非报功也

《字典》第 1 卷提及中国伊斯兰教的祭孔：

地虽接天竺而俗与之异不供佛不祭神不拜尸所尊敬者惟一天字天之外敬先师孔子而已。Although the country of the Mahomedans borders upon India, their customs are different, they do not worship Budh; they do not sacrifice to the gods; they do not worship the manes of their ancestors that which they honor and reverence, is only the one word Heaven, besides Heaven they respect only the ancient teacher Confucius.

《字典》第 1 卷中对于祭奠先圣先师的描述：

奠 to present before, to offer up to, said in reference to sacrifices and the gods 凡学春夏释于其先师秋冬亦如是 at al1 colleges, olibations of food and libations of wine, are offered to ancient masters at the spring and summer terms, in the same manner also at the autumnal and winter terms. (Le-king.) In modern use, fowls, geese, and pigs are sacrificed to Confucius; and the students who attend, after the ceremony is over, feast upon the sacrifice. 凡始立学者必释奠于先圣先师 Whenever a college is newly established, oblations and libations must be offered to the ancient sages and masters. (Le-king.) These sages and mailers have been different persons at different periods of Chinese history. One commentator says, that these sacrifices, 主于行礼非报功也 are chiefly ceremonial and not eucharistic. 奠之而后取之 (the man) (shall put it down on the ground, and afterwards(the woman) shall take it up; said in reference to certain vessels in the temple during sacrificial rites. (Le-king.) 祭奠 to sacrifice and to pour out libations.

4）对祭祀中人神交接的描述

《字典》第 1 卷详细描述了宴飨活动中人与神的交接：

奏 The rites of sacrifice were performed in the 前庙 or front part of the temple, which was chosen out of respect for the gods; the feast upon the sacrifice was in the 后寝 or back parts of the building; where also the sacred vestments were placed. In the ode from which the quotation is taken, the whole party 既醉既饱 after being drunk and satiated; are represented a congratulating the host on 神嗜饮食 the gods having relished his meat and his drink, and anticipating that they would in consequence confer long life and happiness. The poet even affirms that 神具醉止 the gods had all retired drunk; which language the Commentators say intimated the highest veneration for the invisible gods; in as much as it speaks of them as if they had been actually seen present at the sacrificial feast.

3.**祭祀礼仪规定**，见表 6-14。《字典》的第 2、3 卷中没有关于祭祀礼仪的描述。

表 6-14 《华英字典》中的祭祀礼仪规定

《字典》第 1 卷	祭仪，坐如尸立如齐，祠部，太史令，丧不剥奠也与祭肉也与，侍祠侯，被之僮僮夙夜在公，祭丰年不奢凶年不俭，大祥之祭，妇德妇言妇功，太昊，大祀中祀斋戒日，禁绝淫祀
《字典》第 2 卷	
《字典》第 3 卷	
《五车韵府》	非其鬼而祭之谄也，亵渎神明，数数，淫祀，淫祀无福，淫祀无益
《英汉词典》	淫祀，妄祭神神不飨，非其鬼而祭之谄也，祭不在物而在心，君子虽贫不粥祭器

祭祀礼仪中对祭祀的禁忌描述较多，特别是“淫祀”，在三部分词典中都有提及。《字典》第1卷中：

> 大祀中祀斋戒日 fast days, accompanied by the great or the middle-rate sacrifices occur, these feasts are to be 停止 stopped for that day; but for 群祀斋戒日期 general or common days of sacrifice and fasting, these feasts need not be postponed.
>
> 非其鬼而祭之谄也 sacrifice to a spirit which does not exist, is a superstitious adulation.

《五车韵府》中：

> 数数 irreverent haste is improper when offering sacrifice.
>
> 亵渎神明 To give offence to divine beings by impure garments or vessels used in sacrifice
>
> 谄 to address praise, worship, or sacrifice to those to whom it is not due

《英汉词典》中关于祭祀的内容相对来说并不多，但关于祭祀礼仪的描述在三部分词典中却是最多的，主要位于 sacrifice、superstitious 和 superstition 条目下。

《华英字典》三部分词典中都有“淫祀”一词，可以比较三部分词典对“淫祀”的译义。《字典》卷1中的“淫祀”：

> 禁绝淫祀 prohibited entirely excess of sacrifices

《五车韵府》中的“淫祀”：

> 淫祀 an excessive sacrificing, expresses sacrificing either to that which does not exist, or which is not a proper object of sacrifice; superstitious sacrificing
>
> 淫祀无福 superstitious sacrifices procure no happiness.

淫祀无益 in superstitious sacrifices there is no advantage.

《英汉词典》中的“淫祀”:

> SUPERSTITIOUS sacrifices 淫祀; this means either that the spirit worshipped does not exist; or that it is not the proper object to be sacrificed to by the particular worshipper; as 非其鬼而祭之谄也 to sacrifice to a spirit that does not exist, or is not the proper spirit to be worshipped, is superstitious adulation.
>
> SUPERSTITION Irregular or superstitious sacrifices are not acceptable to the gods.妄祭神神不飨 Superstitions procure no blessings,淫祀无福

《礼记·曲礼》称:“非其所祭而祭之,名曰淫祀。淫祀无福。”清人孙希旦对此的注释为:“非所祭而祭之,谓非所当祭之鬼而祭之也;淫,过也,或其神不在祀典,如宋襄公祭次睢之社,或越分而祭,如鲁季氏之旅泰山,皆淫祀也。淫祀本以求福,不知淫昏之鬼不能福人,而非礼之祭,明神不歆也。”(转引自詹勤鑫 1992)上述注释表明淫祀有两种情况:所祭对象在祀典中,某人越分祭祀的;不在祀典中,却被祭祀的。《字典》卷1和《五车韵府》中使用 excess 或 excessive 来阐释淫祀,《五车韵府》中将 an excessive sacrificing 进一步解释为:either to that which does not exist, or which is not a proper object of sacrifice,从中可以看出,译义中体现了“非其所祭而祭之”之义,但“淫祀”中“不在祀典”的含义阐释为“does not exist”则不是很明确,而且没有体现“淫”的“过度”之义。

《五车韵府》和《英汉词典》中的“淫祀”还有另一个译义:superstitious sacrificing。《英汉词典》中的短语“淫祀无福 Superstitions procure no blessings”,其中“淫祀”的译义为 superstitions,词典中没有进一步解释译义中 superstitious 和 superstition 的含义。在约翰逊《英语词典》中,superstition 的义项 1 和 3 与宗教相关:

> 1.religion without morality
>
> 3.false religion;reverence of beings not proper objects of reverence;false

worship.

约翰逊《英语词典》中的这两个义项强调 superstition 指没有正当性的宗教，以及对不该崇拜的对象的敬拜。在基督教来看，superstition 会影响对唯一真神上帝的敬拜，触犯《十诫》第一条中的“除了耶和华，不可有别的神”和第二条中的“不可雕刻和跪拜偶像”。马礼逊对中国“淫祀”的译释中使用 superstitious 和 superstitions，反映了他的基督教立场，即要祭拜正确的神，不可妄祭不该祭拜的对象或不存在的对象，由此可以看出马礼逊要促使中国教徒祭拜唯一真神的主张或愿望。

6.3.2.3　**精神文化知识层**

精神文化表达人与自身的关系。在文化的物质、制度和精神三个子系统中，精神文化是把三者统摄为一体的无形纽带和力量。特别是精神文化中的深层文化心理结构，更是一种整合三者的“看不见的手”。（刘进田 1999：299）研究文化时，精神文化，尤其精神文化的深层内涵应该是关注的重点。祭祀文化是一种古老的文化，在古代中国社会，祭祀活动可以说覆盖了国家政治活动以及民众精神生活的基本内容，是当时社会生活与意识形态极其重要的方面，集中反映着当时人的世界观和人生观。考察《华英字典》中的祭祀文化，不但要看马礼逊对祭祀中物质文化层面和制度文化层面的呈现，更要关注祭祀精神文化层面的呈现。

“中国礼仪之争”中，以利玛窦和龙华民为代表的耶稣会内部祭礼之争，以及方济各会、多明我会与耶稣会之间的祭礼之争，争论的一个焦点是中国的祭祖和祭孔是不是偶像崇拜、求福不求福。利玛窦将祭孔、祭祖解释为向孔子、祖先表达崇敬的非宗教礼仪，祭礼只是崇德报功，并不祈福。马礼逊在来华之前就从相关的文献中对中国礼仪之争有了相当的了解。那么他对中国的祭礼是何种看法？《华英字典》中对中国祭祀文化的译义元语言阐释可以揭示出他的态度。

《礼记·祭义》中说的“报本反始”倡导人们要尊祖，不要忘本，身体力行的方式便是以“孝”的形式表达，而实现的方式便是举行祭祀活动。天是万物的本源，祖先是人类的本源，这二者对人类来说有着同样重要的意义，所以祭天的时候，要以祖先相配，这都属于“大报本反始”的范围。马礼逊《字典》第 1 卷“报”条目下有一段是对《礼记·郊特牲》中

“万物本乎天人本乎祖此所以配上帝也郊之祭大报反始也”的阐释，从中可以看出他认为敬天祭祖不是偶像崇拜（下画线为笔者所加）。

> 报 万物本乎天人本乎祖此所以配上帝也郊之祭大报反始也 All creatures originate from heaven; man originates with his first progenitor; this is the reason why in offering sacrifices, the ancestor is coupled with the most High Ruler (Shang-te.) The sacrifices, to heaven and ancestors, are a thank-offering to the source (of all things), and a reverting again to the beginning (of human existence). (Le-king.) In these great sacrifices, they used, in ancient times, and still use, cows, calves, and the blood of the victim. How the killing innocent victims could be an expression of gratitude, must ever be a difficulty, with those who do not admit that sacrifices originated, in a recognition of guilt, and substitution of the innocent for the guilty. And how man should ever think that killing the innocent brute creature in room of guilty man, would be acceptable to the Deity, is not conceivable, had it not been commanded from heaven, as pointing to the Divine Saviour, who "Once in the end of the world, appeared to put away sin by the sacrifice of himself". (Heb. ix. 26.)

马礼逊首先对“万物本乎天人本乎祖此所以配上帝也郊之祭大报反始也”按字面进行了译义，thank-offering 一词解释了中国人祭祀“报本反始”的感情。接下来他介绍了古代和当代在那些祭祀中一直使用母牛、牛犊和牺牲的血作为祭品，但在这一段的最后他对中国人杀生祭祀的行为从基督教视角提出了质疑，认为很难理解这种杀生祭祀的行为，指出神的救赎不需要杀无辜的动物，而是神通过牺牲自己来实现的。

《五车韵府》中也有一条对“报本”的简单解释，说明祭祖是表示对祖宗的感谢：

> 报本 to be grateful to one's ancestors, and to show it by offering sacrifices.

《华英字典》对“报本”的译义阐释强调的是“报”，没有提及祭祀的祈福目的。

《字典》第1卷中引用《论语》等经典介绍人子的孝道不但体现在父母在世之时的奉养，也表现在父母去世之后对亡灵的祭祀：

> 生事之以礼死葬之以礼祭之以礼 in life they should be served with the decorum which good principles prescribe; when dead they should be interred with decorum and sacrifices should afterwards be offered to their manes with decorum. (Lun-yu)
>
> 人子之道莫重于事生 of all the duties of the sons of men, there are none more important than serving one's parents during their life-time; the other duties referred to, are those of sepulture, mourning, sacrificing to the manes, and so on.

从《华英字典》所选的例证可以看出，马礼逊认为中国人的祭祖是后人对亡灵的尊重和感恩，强调了其中体现的"孝"，不认为祭祖是迷信和偶像崇拜行为。

以下是《字典》第1卷对《诗经》中"孝孙有庆报以介福万寿无疆"的阐释，是说恭敬祭祀祖先的人会有大福报，而不是为了求福报而祭祀：

> 孙　孝孙有庆报以介福万寿无疆 a dutiful grandson (who sacrifices decorously to the manes of his ancestors) will be blessed and recompensed with great happiness, and never ending longevity. (She-king.)

下面是《字典》第1卷中马礼逊关于祭孔性质的译义元语言述评（下画线为笔者所加），这一段中没有出现译义文化元词 sacrifice，而是与 sacrifice 同一语义类的 worship。马礼逊明确指出，中国普遍存在的祭祀孔子行为不能称为宗教性崇拜，而只是无神论性质的祭拜，因为孔子不相信来世，也不相信任何神、天使和神灵。

> In every Heen district of the empire, there is a temple dedicated to Kung-

tsze. The Emperor, kings, nobles, and the learned of the land do him service, pay a sort of atheistical worship, for as the sect believes in no future state, neither in any God, angel, or spirit, their service can scarcely be called religious worship. The life of Confucius has in it no very striking incidents; and his doctrines are what Europeans call common-place truisms; justice, benevolence, and social-order, are three terms which nearly comprehend the whole of what he taught.

《英汉词典》中的“祀神酬愿”：

There were twenty drawings, as follows, 20th 祀神酬愿 sacrificing and giving thanks to the gods. The concourse of people at King-Uh-chin, is very great, and much stress is laid on this ceremony.

《现代汉语词典》中对“酬愿”的解释是“还愿”，表示愿望达成后实践对神许下的报酬。《英汉词典》中“酬愿”是 giving thanks to the gods，表示感恩诸神，而不是对神的祈求。

从马礼逊对祭祀中的报本、酬愿、祭孔等的非宗教性描述可见，总体上他对中国的祭礼精神的观点与利玛窦相似，将祭祖、祭孔视为对祖先或孔子表示感恩和崇敬的活动，而不是宗教性活动，也不是偶像崇拜，对于祭祀是否祈福，他没有多加评述。

6.3.3 《华英字典》祭祀语言文化场的边缘结构

以上通过译义文化元词 sacrifice 一词及祭祀译义元语言词汇集中的相关词汇，将《华英字典》中与祭祀相关的语言文化单位链接起来，形成祭祀语言文化场的核心结构和中心结构，并对不同子场的译义元语言及其所阐释的汉语进行考察。祭祀语言文化场的核心结构和中心结构本身也会与其他语言文化场相邻、相交，构成祭祀语言文化场的边缘结构，如“礼”语言文化场、“天”语言文化场、“宗教”语言文化场，“儒家”语言文化场等。受篇幅以及研究主题所限，本书将不对祭祀语言文化场的边缘结构进一步考察。

6.4 《华英字典》的中国祭祀文化构建

以译义文化元词 sacrifice 为节点，从物质文化、制度文化和精神文化三个层面对其链接形成的汉语祭祀语言文化场中心结构的统计见表 6-15。与 sacrifice 的祭祀语义相关的 worship、offering、rites 等译义元语言对应的汉语未计入在内。

表 6-15　祭祀语言文化场中心结构

<table>
<tr><td></td><td colspan="5">物质文化层</td><td colspan="5">制度文化层</td><td colspan="2">精神文化层</td></tr>
<tr><td rowspan="4">《字典》
208 个</td><td rowspan="2">祭器</td><td rowspan="2">祭品</td><td rowspan="2">祭祀时间</td><td rowspan="2">祭祀场所</td><td rowspan="2">祭祀行为</td><td rowspan="2">祭祀者</td><td colspan="3">祭祀对象</td><td rowspan="2">祭祀礼仪规范</td><td colspan="2">祭祀目的</td></tr>
<tr><td>祭神</td><td>祭祖</td><td>祭孔</td><td>伦理目的</td><td>功利目的</td></tr>
<tr><td>39</td><td>45</td><td>4</td><td>18</td><td>40</td><td>5</td><td>15</td><td>18</td><td>6</td><td>14</td><td>3</td><td>1</td></tr>
<tr><td colspan="5">146</td><td colspan="5">58</td><td colspan="2">4</td></tr>
<tr><td rowspan="2">《五车韵府》
123 个</td><td>31</td><td>39</td><td>1</td><td>11</td><td>27</td><td>5</td><td>1</td><td>1</td><td>0</td><td>6</td><td>1</td><td></td></tr>
<tr><td colspan="5">109</td><td colspan="5">13</td><td colspan="2">1</td></tr>
<tr><td rowspan="2">《英汉词典》
21 个</td><td>2</td><td>2</td><td>2</td><td>1</td><td>2</td><td>2</td><td>3</td><td></td><td></td><td>6</td><td>1</td><td></td></tr>
<tr><td colspan="5">9</td><td colspan="5">11</td><td colspan="2">1</td></tr>
</table>

从上表可知，编者马礼逊向西方的汉语学习者介绍中国祭祀文化时是有所侧重的。两部汉英词典中 sacrifice 与祭祀物质文化相关联的较多，这与汉英词典所依据的蓝本字典为《康熙字典》等汉语字典有较大的关系。祭祀在中国古代文化中占有重要地位，其体系庞大，系统完备，在中国人编纂的字典中自然有丰富的词语体现。但对《字典》和《五车韵府》两部汉英词典中描述祭器、祭品等的译义元语言的考察发现，马礼逊对这些物质文化层面的词语通常只是简单描述，可能因这些内容不是他关注的重点，他认为没有必要详细介绍，只是依据汉语字典收录，力求呈现完整的祭祀文化体系，使西方汉语学习者了解此种异国文化风俗。两

部汉英词典中，《字典》对祭祀文化描述和解释较为详细的是制度文化，其中对祭天、祭祖及祭孔，特别是祭祖的相关内容描述最为详细。

《华英字典》的两部汉英词典在选词立目方面主要依据汉语蓝本字典，而《英汉词典》没有现成的词典可依，最能体现编者独创性，因而《英汉词典》构建的祭祀语言文化场中心结构可在一定程度上反映马礼逊对中国祭祀文化的认知和态度。《英汉词典》祭祀文化物质文化层中，没有出现祭器的具体名称，只有 2 处在介绍祭祀的礼仪规定时提到了祭器的总称：“A good man，although poor，does not sell the vessels of sacrifice，君子虽贫不粥祭器”和“大不敬 to steal the vessels used in sacrifice at the imperial temple”；2 处提及祭品，其中 1 处提到作为祭品的金猪，另 1 处提到人祭；有 2 处提及祭祀时间；1 处提及祭祀场所；关于祭祀行为的词语只有一个“举”字，简单地说明该字是“废”的反义词，与祭牲有关。《英汉词典》祭祀制度文化层中有 11 处关于祭祀者和祭祀对象及祭祀礼仪规范，占 21 处描述祭祀文化中的一半还多，其中有 5 处提及了对祭祀者和祭祀对象的称呼，6 处是对淫祀的描述，几乎一半都是关于祭祀礼仪规范的。《英汉词典》对淫祀的阐释是三部分词典中最详细的，表明马礼逊对中国祭祀伦理性和宗教合法性的关注，以及对偶像崇拜的批判态度。祭祀精神文化层中虽对祭祀体现的精神性质描述不多，但表明了马礼逊对祭祖、祭孔不具有宗教性和偶像崇拜性质的态度。

6.5 本章小结

本章从中国文化关键词“祭祀”的译义文化元词 sacrifice 入手，将所有与祭祀相关的内容连成一个大的原语和译语同现的语义网络，在祭祀语言文化场中进行系统性考察，分析马礼逊通过译义元语言构建的中国祭祀文化形象，观察其关注中国祭祀文化中的哪些内容，并分析他为何关注这些内容，是何种态度，又如何在词典中呈现。从 sacrifice 所构建的语言文化场可见，马礼逊并不关注中国祭祀的全部内容，祭祀的物质文化场中语言文化单位虽然较齐全，但是描述大都很简略，对于祭祀的制度文化介绍则较详细，他最为关注的是中国祭祀体系中的祭祖内容，尤其是淫祀问题，这是因为祭祖是与中国百姓生活最为密切的祭礼活动，体现出马礼逊对中国百姓宗教信仰状态的特别关注。从马礼逊对祭祖等内容的介绍和评述可以发现,他与持文化顺应观的利玛窦对中国祭祖祭孔祭天的宽容观点有相似之处。与明末清初的欧洲天主教来华传教士一样,新教传教士来华的目的也是为了拓展东方传教路线,使更多的中国人信仰基督教。了解中国人的所思所想,特别是了解中国人原有的宗教信仰情况是来华传教士传教的前提和必要准备。马礼逊在《华英字典》三部分词典中尽量客观介绍中国祭祀文化的同时,对他所认为的淫祀、妄祭等行为也加以批判。总体来说,他对中国祭祀体系的理解仍然是零散的和浅层的。

第七章 《华英字典》译义元语言文化构建的编用主体因素

传统词典编纂理论偏重对编纂客体——词典文本的研究，而忽视了对编纂活动主体——编者主体和用户主体的关注。对词典编纂实践活动的考察，既要着眼于词典文本，也要从编者主体和用户主体方面去理解。第五章和第六章从词典文本出发，考察了《华英字典》译义元语言系统的特点，虽也涉及编者的主体性，但并未从编者和用户关系的视角来进一步分析编用主体因素对译义元语言系统及其原语文化构建功能的影响。本章首先探讨双语词典编纂的编用共同主体特征，指出《华英字典》的编用主体是共同主体关系，接下来从文本结构和文本内容两个方面考察《华英字典》编用共同主体因素对原语文化构建的影响，并对体现《华英字典》编用共同主体关系构建的译义元语言进行重点考察。

7.1 双语词典编纂的编用共同主体特征

词典被视为编者和用户之间的交际系统（雍和明 2003:117），词典编纂主体是编者主体和用户主体的复合主体。对于词典编用主体之间的关系，魏向清等（2014:18）从产品设计学视角，根据主体在辞书编纂设计活动中对辞书产品这一设计客体的主导性或制约性，使用“主位”与“客位”的概念来说明编者主体和用户主体两者的作用和关系，提出在学习型词典编纂设计活动中，编者居设计主体的主位，对文本设计活动起到主导和决定作用，而使用者则是设计主体的客位，对文本设计活动起到一定的辅助和制约作用。编者主体要根据用户主体的特点和需求考虑文本设计的特征定位，而用户主体的具体特点和需求则帮助编者明确和细化文本的实际内容与安排。两者缺一不可，但归根结底，编者的主观能动性是第一位的，使用者的需求最终也是要通过编者来实现的。

双语词典编纂活动的本质是译义，从元语言理论视角来看，译义的过程也就是译义元语言系统构建原语文化的过程。Matthews 指出，元语言作为一种语言，其典型特征是"人工构建的系统"。（转引自封宗信 2005:408）双语词典的译义元语言系统作为"人工构建的系统"，体现的就是词典编纂复合主体的主体因素影响。

雍和明（2003:75）提出，当代词典交际正在朝编用双向互动的方向发展。魏向清等（2014:13）则进一步提出了学习词典编用共同主体和编用共同主体性概念，"如果我们将词典编纂的过程视为设计活动的过程，编纂者和使用者作为词典这个设计物的共同设计主体，他们之间的关联则应该更为紧密。这种紧密应该是超越主体间性或交互主体性的一种共同主体性"。

在"编者中心"的编纂模式中，"编者是编纂活动的绝对主体，其客观对象物——词典文本是显在的客体，而使用者则似乎是永远都不在场的，或者说是缺位的"（魏向清等 2014:15）。在这种模式下，编纂活动的主体特征是编者单一主体，编者与用户之间的关系是一种单纯的主体—客体模式，两大主体是疏离相隔的，缺乏交往互动，编纂活动是一种单向的知识传递。而在"用户中心"模式下，词典编纂活动的主体特征是编用共同主体。"使用者已经不再缺席，而是成为与编纂者同时在场的、能够影响甚至决定词典编纂具体实践的重要主体。"（魏向清等 2014:15）编者和用户作为共同主体，共同面对词典文本这一客体，两个主体之间有语言文化信息理解与传递上的沟通，两者相互影响，互为制约。这种新的主体性模式下的"编用共同主体"特征体现了词典编纂活动作为编者和用户交往实践的本质内涵。魏向清等学者的编用共同主体及共同主体性概念是针对当代及未来学习型词典而提出的，但二百多年前马礼逊在《华英字典》编纂实践活动中就已经开始了构建编用共同主体的努力。

7.2 《华英字典》编用共同主体性

郭湛(2001:32-36)对主体之间的关系进行了描述,提出在主体和主体的交往中形成了主体间或主体际关系,因而衍生出了主体间性或交互主体性。作为主体的人们在交往中表现出来的主体间性,实际上是一种交互主体性。具有交互主体性的主体和主体在面对共同客体时,可能构成一种共同主体。共同主体是以交互主体的存在为前提的。那么,共同主体如何从可能性转为现实性? 郭湛(2001:36-37)认为:"一定范围内的、特别是小范围内的群体,其内部个人主体之间的关系较为容易协调,而其共同客体也比较具体和直接,因而这种共同主体具有更多的现实性。……共同主体所具有的主体性是一种共同主体性,在共同主体性中,主体不仅有与客体相对而言的主体性,而且有与其他主体相对而言的交互主体性,是主体性与交互主体性的统一。"

《华英字典》编者和用户在以词典文本为媒介的交往互动中形成了交互主体性,这是共同主体形成的前提,而共同主体的实现也有着现实的基础。

首先,《华英字典》的编纂实践是马礼逊独立的个体行为,个体编纂相比于集体编者主体,主体性的特点更为单纯。马礼逊来华时的清政府仍在厉行禁教,且严禁中国人教授外国人汉语。西方世界懂得汉语的人寥寥无几,懂英语的中国人更少。传教士要想向中国人传教,首先必须学习汉语,而词典是汉语学习最为必要的辅助工具,因此派遣马礼逊来华的伦敦会给他的首要任务就是学习汉语,在汉语学习成功的基础上编纂汉语词典。虽然说,《华英字典》从编纂到出版也离不开其他主体的努力,比如协助马礼逊查找和审校中文例证的中文老师、中文刻字工等,但马礼逊的词典编纂从词典类型、体例设计、条目编写、进度安排等都是他独力进行。独力编纂的一个优势是编者个人主体性可以贯彻始终,不存在与其他合作编者协调统一时可能会遇到的问题。

其次,《华英字典》目标用户范围小,与编者相似性大。《华英字典》目标用户群体范围较小,主要是为数不多的欧洲传教士,还有少数与中国进行贸易的欧洲商人。由于清政府在鸦片战争前一直厉行禁教,传教形势极为不利，因而来华传教士极少。而欲学汉语的欧洲商人人数也极少。据谭树林（2013：87），英国东印度公司广州商馆举办由马礼逊任教员的中文培训，这是英国人最早的汉语教学活动。从 1810 年中文班开设到 1830 年的 20 年间，中文班学员主要为商馆职员，前后才共计 19 名。马礼逊的《华英字典》在出版后的几十年间除了有其相对固定的欧美汉学界读者以外，在中国沿海地区则仅在来华的新教传教士中流传。自 19 世纪 60 年代开始，英语逐渐成为晚清官方外语学校及通商口岸一些私立学校的必习课程。但是几乎找不到任何迹象表明，这部多卷本的字典中有任何一卷被开始学习正规英语的中国学生所使用(司佳 2009：7)。马礼逊的目标词典用户为与其有相同文化背景的欧洲人，编者与用户组成的群体范围小，彼此间的关系更易于协调，因而编者与用户容易具有内在的统一性，编用共同主体的构建具有更多的现实性。

第三，《华英字典》共同主体的构建最终成为现实，有赖于马礼逊对交际式元话语等语言手段的运用。这些语言手段体现了他对用户的交际意识以及对其主体地位的理解和尊重，在与欧洲用户共享西方文化经验的基础上，召唤其参与交际互动，并在具体信息的取舍及编排方面都充分考虑用户的使用需求、知识背景和接受能力。

19 世纪初英国来华传教士马礼逊的《华英字典》编纂实践活动表现出了鲜明的编者主体性，但这种主体性不是传统双语词典那样的完全以编者为唯一主体的主体性，而是编者主体与用户主体在交际互动的基础上形成的共同主体性。

7.2.1 《华英字典》结构体现的编用共同主体性

本小节从《华英字典》的类型设计、《字典》和《五车韵府》编纂和出版顺序的调整，以及《字典》蓝本字典的选择和对词条的描述几个方面分析马礼逊词典编纂鲜明的主体性。

《华英字典》三部分词典类型的规划体现了马礼逊对词典功能与满足词典用户需求的思考。在《五车韵府》序言中，马礼逊解释了编纂两种不同排序的汉英字典的原因，“当一个学汉语的人碰到一个生字时，他无法用按音排列的字典来查找该生字。因为从汉字上他无法确认它的发音。他必须查找按部首顺序排列的字典。这时就需要用第一部字典。而当学生听到一个生字的发音，或者写文章时想起一个字的发音而不知道或者忘了该字的部首的话,他也无法查找该字。这时就需要使用这部按罗马字母顺序编的字典了"(Morrison 1819:Preface)在《英汉词典》的序言中,他也谈到了三部分词典互为补充的关系:"本词典所收集的单词和短语将给汉语学习者提供重要的帮助。但一个对汉语一无所知的人,仅靠查阅本词典中的英语,还是难以用汉语来表达其思想。本词典未尽之处,可以参阅其他几部字典。对于本词典中的汉字,学习者如果参考第一部和第二部字典中的定义,常常能得到有关汉字的更多信息。有时候几部分词典对照,会发现一些错误,并能够纠正它们。"(Morrison 1822: Preface)可见,马礼逊对三部分词典的类型和功能有着清晰的定位,始终是从学习者学习和查找的角度进行词典类型设计的。

从《华英字典》编纂时间和出版的先后顺序调整也可以看出马礼逊对用户需求的重视和回应。第一部分 3 卷本《字典》在编纂的期间,插入了《五车韵府》的编纂。在《五车韵府》编纂出版之时,《字典》第 1 卷仍然有部分内容尚未完成。1815 年《字典》的第 1 卷出版的只是第 1 分册,从第 1 卷的文本中出现的年代信息可知,至少到 1820 年年末时第 1 卷的部分内容仍在编纂之中。马礼逊在编纂《字典》的第 1 卷时尽可能释义详尽与全面,词典中涵盖了中国文化的多个层面,他认为只有这样才能帮助远在欧洲又缺少汉语资料的欧洲人学习汉语。但这样一方面使字典冗长,另一方面进展也非常缓慢。第 1 卷部分分册出版后遭到了一些批评,说他的字典太冗长散漫,收入内容过于繁杂。特别是当时在广东一带的外国商人,他们学习汉语是以实用为目的,并不在乎学习中国文化,也没有意识到中国文化学习的重要性。鉴于读者的实际水平及实用目的,以及对赞助者东印度公司早日有个交代,马礼逊改变了原先的出版计划,决定先向读者提供一部编得简单实用、通俗易懂的词典,为此他中断了第一部《字典》的编纂,先编纂出版《五车韵府》。

虽然马礼逊为适应使用者的实用目的而改变了编纂和出版顺序,但他依然坚持文化在语言学习中具有重要意义的观点,从有利于文化学习的角度,他认为译义详尽的《字典》仍然是太简略了。在《五车韵府》的序言中他对批评者的意见反驳道:

> 向欧洲人传授汉语知识,这是作者的目标,也应该是字典的义旨所在。现在的问题是,是否仅仅通过对单词的定义和孤立的例句就

> 能够达到这样的目的？如果可以的话，那么这本字典就过于冗长芜杂了。如果不能的话，说明这部字典的内容可能还不够丰富。字典是否与目的相符完全取决于对整个问题的认定。作者认为欧洲人，特别是那些不在中国生活的欧洲人，他们没有中国人帮助，仅仅通过一本字典对单词的定义和孤立的例句，是不可能掌握汉语的。当然，凭借欧洲一些图书馆里的许多有关中国的书籍和资料，再加上花费大量的时间，汉语学习也许会取得不错的成果。但几乎很少人能拥有这样的条件。对于那些受条件所限的人，要取得这些成果是不现实的。
>
> 从这个观点来说，作者仍然确信，除了某些段落以外，**字典已出版的部分其内容不是太多，而是太简略了。**如果把这本字典与一本为本国人编的字典相比较，就会得出错误的结论，因为对母语者来说，他们对典故或多或少是熟悉的。（Morrison 1819: Preface viii）

2 卷本《五车韵府》分别于 1819 年和 1820 年出版，之后马礼逊继续《字典》第 1 卷的编纂工作，并且延续之前向西方读者详尽介绍中国文化的特点。比如第 1 卷的“学”字条目中关于各省科举定额的介绍里有这样一句，“ there be 60 persons taken, and sent to court, in Canton at present, A.D.1819, there are 71 selected. ”由 at present 及 1819 可推知，马礼逊编写“学”条目的时间应至少是 1819 年。这一年《五车韵府》第 1 卷出版，第 2 卷是汉字字体及《五车韵府》第 1 卷的英文索引，出版于 1820 年。他可能在《五车韵府》第 2 卷编纂的同时编纂《字典》第 1 卷剩余的部分。第 1 卷中的“学”字条目延续了之前出版的几个分册中详细介绍中国文化的风格，从 746 页至 785 页共 40 页篇幅，对中国教育制度相关的多个方面都有涉及。《字典》第 1 卷文本中 1820 年出现 3 次。第 853 页提到了道光皇帝的名字，从时间来看，此条编写于 1820 年 12 月后：

> The monarch entitled Taou kwang, who has now ascended the throne (December, 1820) of China...

第 861 页的“宁”条目下，也有关于道光名字的避讳说明，表明此条编写于 1820 年底或 1821 年：

> On December 19th, 1820, an Imperial order arrived at Canton, directing that hereafter this character must be written thus in ordinary use, that it may be different from His Majesty name, which is | Ning.

《字典》第 899 页的词典英文索引附录中,有一条指向 426 页的 Kea-king 的索引:

> Kea-king, emperor of China, who died December 2nd, 1820, 426.

据史书记载,嘉庆皇帝死于嘉庆二十五年七月二十五日,即公历 1820 年 9 月 2 日。这条索引中称嘉庆帝死于公元 1820 年 12 月 2 日,有可能是 September 误写为 December。

从《字典》第 1 卷中出现的 1819、1820 年等几个年代信息可知,在 1820 年 12 月时第 1 卷的编纂仍未完全结束。出版于 1822 年的《字典》第 2 卷和 1823 年的第 3 卷相比于第 1 卷简略得多,应该并不是他的本意,而是由于他 1821 年和 1822 年接连遭受人生大变故的影响。1821 年 6 月 9 日他的妻子在生产时亡故,马礼逊失去了爱妻和未出世的孩子。在 1821 年 7 月 10 日的《英汉词典》序言中,他写道,"令人厌倦的逐字翻译和编辑工作,使得至今为止一直支撑着作者的热情化为乌有。他匆匆结束这本词典的工作。他必须去做第一部字典未完成的工作。"而 1822 年 6 月 2 日,马礼逊的挚友及传教的得力助手米怜博士又因病去世。1821 年和 1822 年接连遭受丧妻丧子和丧友的重大打击的马礼逊身心极度疲惫,为使《字典》保持完整性,只能简略地编纂余下的部分。可以想象,如果不是遭受重大打击,马礼逊在第一部分 3 卷本的《字典》中会自始至终为读者提供尽可能丰富的中国文化知识。

《华英字典》的两部分汉英词典没有完全照搬汉语字典,而是根据西方学习者的需求博采众长。以 3 卷本《字典》来说,《字典》收词立目以单语的汉语字典《康熙字典》为主要蓝本,所收的汉字条目、排序及主要释义大都基于该字典。但马礼逊并不迷信这部权威的汉语原版字典,没有将《字典》变成《康熙字典》的双解版,因为他意识到了《康熙字典》不完全适应西方汉语学习者之处："几乎完全忽视了口语。因此仅仅翻译《康熙字典》是无法满足欧洲学生的需要的，《康熙字典》是为中国人而编，并不是给外国人看的。"（Morrison 1815：Preface）他同时也参考了《说文解字》《正字通》《艺文备览》《佩文韵府》等汉语字典，以及早期天主教传教士所编的手抄本字典及德金根据手稿词典编纂的汉法词典等，同时还有他个人的汉字知识以及为编这部字典而收集的各种书籍。本研究对《字典》正文中以译义元语言特别注明的词典蓝本进行统计，结果如下：

	康熙字典	说文	艺文备览	字汇	正字通	六书	手稿字典	德金词典	尔雅	五车韵府	玉篇	类编
次数	71	36	37	34	28	18	16	5	4	2	3	3

以马礼逊对"匈奴"一词在其汉语词典中的收录情况为例进行分析。"匈奴"条下有例句：匈奴北夷名。马礼逊注意到明朝的几部词典中都有这个例句，但《康熙字典》未收，他认为未收是出于显而易见的原因，但没有明确说出具体原因。对"匈奴北夷名"这一例句的评论说明马礼逊也查阅了其他词典。

> 匈 Kang-he omits, from obvious reasons, the following sentence, which is found in Dictionaries of the last dynasty ｜奴北夷名"Heung-noo (clamorous slaves)is a name of foreigners in the north."

马礼逊还指出佛经中有很多未翻译的外来词，某些词典不收，但《康熙字典》一般都收入。如"伽蓝"一词：

> 伽 KEA 伽蓝 Kea lan. A certain god of the Sect 佛 Fuh. This character occurs chiefly in the books of Fuh, in which are many uncouth untranslated words; which barbarisms, some Dictionaries entirely omit; Kang-he, commonly inserts them.

传教士手稿词典（Manuscript Dictionaries）在《字典》第 1 卷中出现

16次。如“司”条目中指出手稿词典对“灵魂三司”的解释与中国人的用法存在差异。

> 司 耳|听 'the ear rules the hearing.' 目|视 'the eye rules the seeing,' phraseology used to express, that every member, and every person, has a peculiar department. The Manuscript Dictionaries define this use of the word, by 'Potentia,' and apply it to the memory, understanding, and so on; as well as to the senses; hence the phrase 灵魂三| 'Tres potentiae animae rationalis.' This appears an application of the character not sanctioned by Chinese usage.

《德金词典》(*De Guignes' Dictionary*)在《字典》第1卷中出现5次，马礼逊基本都是指出该词典的错误，如指出《德金词典》中将“冘”误为“尤”字。

> 冘 walking; appearance of walking. Read Yew, doubtful; hesitating. In De Guignes' Dictionary, the definition which belongs to 尤 Yew, is erroneously inserted under this character. Some have surmised that the two characters were the same, but the Dictionaries do not sanction it.

以上词条中译义元语言的描述说明马礼逊编纂《华英字典》参考了多部词典，并在分析和鉴别的基础上兼收并蓄，博采众长。

7.2.2 《华英字典》文本内容体现的编用共同主体性

马礼逊在《华英字典》编纂的过程中，广泛地研究中国的社会政治、文化宗教、生活习俗、教育体制等，他还根据自己的经验和理解，加入许多例句和评述。第四章对译义元语言词汇系统语义分布的考察发现，三部分词典的类型和规模虽不相同，但词典中译义元语言的语义分布特征却大致相同，表明马礼逊的文化观在三部分词典中一以贯之。一级义类的语义分布显示出《华英字典》译义元语言的一个总体特征就是，描述和阐释表示人与人关系的制度文化的词汇最多，其次是描述人的自身的精神文化词汇，描述物质文化的词汇相对来说较少。一级义类分布的这一特点说明马礼逊关注中国人与人之间的关系、人的家庭生活及社会生活方式，以及中国人的精神生活，而不局限于对物质文化浅层次的介绍。对译义元语言二级义类的语义分布考察，进一步显示出三部分词典各二级义类中具体类别的比例情况，比如C类的二级义类中，《英汉词典》中宗教派别词汇的比例比两部汉英词典多，而对三级义类的分析又进一步发现，宗教词汇中，按部首排序的汉英词典《字典》中的儒教词汇最多，排在第1的是Confucius，而音序的《五车韵府》和《英汉词典》中则是佛教词汇最多，相比于儒释道词汇，三部分词典中的基督教词汇都是相对较少的。下面从译义元语言Confucius入手对《字典》第1卷中体现的马礼逊儒学观加以举例分析。

郑祖基(2012: 174-187)以《马礼逊回忆录》和《中国大观》等为资料，对马礼逊的儒学观进行了描述和分析，指出马礼逊对儒学的看法可分为三个不同的层次。首先是儒家经典义理的层面，尤以记载于典籍中的道德伦理教训为主，马氏认为能唤醒东西方民族的德性精神，裨益于东西文化的互补与发展。第二个层次是儒家思想的宗教层面。马礼逊不认为儒家是一个宗教，儒家没有教规、教诫、入教仪式和神职人员。他认为礼拜孔子也不是以孔子为神的祭祀，只是一种政治和社会上的礼节，不含宗教成分。基督教必要补足此欠缺，引领中国人归向真神。第三是儒家思想的实践层面。在马礼逊的个人经验中，他看到中国社会文化的恶习和官场上的贪污腐败，因而呈现负面的评价。下面将从以上三个层面就《字典》第1卷中体现的马礼逊儒学观举例分析。

“信”字条目中，马礼逊在对《论语》中的“上好信则民莫敢不用情”一句用英文对译后，又加以一番评论。他肯定了在义理层面上“信”对于规范中国人的道德伦理具有好的作用；但他批评实践层面上中国人缺乏“信”；在宗教层面，他指出孔子思想中缺乏对宗教的信仰，从不谈及人死后的情形，在死前也不向上天或神灵祷告。

> 信　上好信则民莫敢不用情　“Let superiors delight in sincerity, and the people will not dare to be undevoted.” (Lun-yu.)Notwithstanding the excellence of these sentiments, the Chinese are generally destitute of truth in a very high degree.

As Confucius taught nothing about the existence of the soul after death, during his life time, he does not appear at the approach of death to have expressed either hope or apprehension. To his mind "life and immortality" do not seem to have been revealed. Nor does it appear that he prayed to Heaven or to any God, when death drew near.

"子"条目中有较多篇幅介绍孔子。马礼逊认为孔子对中国的影响最主要是在伦理与政治上，而不在宗教方面。

Confucius dabbled in politics all his life, and his ethics dwell chiefly on those social duties which are of a political kind. A family is the prototype of his nation, or empire, he lays at the foundation of his system, not the visionary notions which have no existence in nature, of independance and equality, but, the principles of dependance and subordination, as of children to parents; the younger to the elder, and so on... It is in all likelihood owing in great part to the force of these principles, on the national mind and conscience, that China holds together the largest associated population in the world.（孔子一生涉猎政治，他的伦理观主要涉及属于政治那一类的社会义务。家即他心中的国家或帝国的原型，其体系的基础不是建立在那些本质上不存在的想象的国家基础上，也不是建立在独立、平等的基础上，而是建立在赖以服从的原则上，像孩子对父母、年轻人对年老人等，把世界上最多人口的中国凝聚在一起，在很大程度上靠的就是这些原则。）

下面一段在上文曾提及，是马礼逊从宗教层面对中国普遍存在的祭祀孔子行为的评论，他明确指出对孔子的祭拜不能称为宗教性崇拜，而只是无神论性质的祭拜，因为儒家不相信来世，不信上帝和神灵。

In every Heen district of the empire, there is a temple dedicated to Kung-tsze. The Emperor, kings, nobles, and the learned of the land do him service, pay a sort of atheistical whorship, for as the sect believes in no future state, neither in any God, angel, or spirit, their service can scarcely be called religious worship. The life of Confucius has in it no very striking incidents; and his doctrines are what Europeans call common-place truisms; justice, benevolence, and social-order, are three terms which nearly comprehend the whole of what he taught.(在中国的每个县,都有一座庙来奉祭孔子。皇帝、王公、贵族和读书人都向他礼拜——给他一种无神论崇拜。因为孔子不相信来世,也不相信任何神、天使和神灵,所以对他的礼拜不能称为宗教性礼拜。孔子的一生没有惊天动地的事迹,他的箴言被历朝帝王奉为"万世真理",公正、仁慈、社会秩序,这三个术语几乎能理解他的全部教诲。)

"俑"条目下,提到孔子反对偶像,认为将会导致用活人殉葬。

In the middle age, as the Chinese say, that is, about the time of Confucius, the 俑 Yung, or more perfect representations of men were invented and used. Confucius spoke against them, forseeing that they would lead to the use of living persons, for the same purpose.

从《字典》中对孔子及儒家思想的介绍和评论可以看出,马礼逊对孔子和儒家伦理思想和道德教训持肯定的态度,认为对孔子的祭祀只是出于对其伦理主张的赞同以及维护国家政治统治的目的,不具有偶像崇拜的特点。但马礼逊对儒家思想中的不关心来世、缺乏宗教关怀、不敬畏上天和神灵持批评态度,认为这种思想造成中国人不敬畏真神,没有敬畏恐惧之心,安于现世,不能去除人性中的"罪"。下面这段源自《字典》第1卷"人"条目,其中有对儒家思想的评论。在对"魂""魂灵""魄""来生"进行解释之后,马礼逊评论了孔子及儒家学派介于怀疑论和无神论之间的态度,指出他们不能肯定,也不愿否定神灵和来世的存在。儒家思想徘徊于无神论与不可知论间,导致中国人普遍的怀疑及不敬神。马礼逊进而引出基督教圣经的作用,指出人需要上帝的救赎。

Confucius, and writers of his School, are rather skeptics than atheists; they rather hesitate, than deny the existence of a Deity, and a Future State... They appear to have gone from the extreme of superstition to that of scepticism; and afford no small proof of the desirableness of a

> Revelation from Heaven, to save the humble Inquirer, as well from the visionary fears and foolish superstitions of the weak mind, as from the impious and demoralizing tendency of universal doubt, and from atheistical hardihood. How much ought the Sacred Scriptures to be valued. From the Books of Moses, we receive a rational and satisfactory account of the origin of Man; and from the lips of Jesus Christ, (whose claims to credence deserve not to be slighted) we have the probabilities of "Life and immortality" most abundantly confirmed; The wicked "shall go away into everlasting punishment, but the righteous into life eternal." (St. Matin, xxv. 47.)

马礼逊以上这段话结尾处表明其评论儒家思想的目的是论述引导中国人归向真神的必要性,他认为缺乏宗教信仰的儒家思想使中国人怀疑神的存在和不敬真神,只有基督教才能使中国人得到救赎。

《华英字典》文本中对孔子及儒家思想的介绍和评价表明,他认识到儒家思想对于中国的政治和社会生活的重要影响,因而在多个条目下都涉及了孔子及儒家思想。词典中的相关评价一方面表明他对儒家思想的道德伦理层面的某种赞同,对于普遍存在的祭孔行为,他是理解的态度,而不像"礼仪之争"中强烈反对祭孔的天主教传教士将其认定为迷信和偶像崇拜。但另一方面马礼逊也对儒家思想的不敬神表明了自己批评的态度,并希望用基督教思想来救赎不信真神的中国人,这也是他帮助西方汉语学习者了解儒家思想,联儒排佛道,使中国人归向基督教的目的所在。

上文选取《字典》第 1 卷中描述和评论孔子的部分文本实例,分析了《华英字典》译义元语言中体现出的编者主体性。我们注意到,马礼逊是完全站在基督教立场来认知和呈现中国文化的,同时因受其汉语水平的制约,他对中国文化的解读必然存在着偏见和曲解。

王玉梁(1995: 35)将对象性活动划分为三种类型:实践活动、认识活动和价值活动。双语词典编纂活动是实践性、主观意识性和价值性的统一。编纂实践活动是马礼逊根据词典用户的特点和需求对各种词典以及多种中国语言文化资料进行加工改造的过程;编纂认识活动表现了马礼逊在《华英字典》中对中国文化的认知和评价,如他对儒家缺乏宗教性的评价表明了他的西方基督教立场，他根据孔子的不敬神、缺乏对来世的思考来判断儒家不是宗教。他对儒家的情感是复杂的，一方面因孔子反对佛道的偶像崇拜，觉得儒家对于基督教的传教有一定的利用价值；另一方面又指出孔子不谈来世，不谈鬼神，缺乏对真神的敬畏。他在上例中对孔子思想评论后的一句感叹"How much ought the Sacred Scriptures to be valued"，表明其词典编纂的价值活动的特点，即对儒家思想不是为了介绍而介绍，而是为了帮助传教士认识儒家思想，利用儒家思想来反对佛道，并使其信仰基督。"没有一部字典辞书没有作者的主观意识在内，主观的干预，贯穿在从选词、选字一直到释义的全过程"(许嘉璐语，转引自陈伟 2014: 193)，马礼逊对儒家思想的译义元语言描述和评价就体现了他的主观意识，他利用译义元语言对儒家思想的描述和评价体现了他希望词典服务于基督教传教，并通过基督教改造中国人信仰的目的。

7.2.3 用户主体性影响

编者和用户是词典编纂活动的两大主体，编用两大主体对于编纂活动的作用有主客之分：编者居主位，对词典编纂活动有主导性；用户居客位，用户对编纂活动有制约性，但用户的制约性也是通过编者来实现的。《华英字典》的用户主体很明确。马礼逊编纂《华英字典》最主要的目的就是帮助来华传教士掌握汉语，了解中国文化，特别是了解中国人的社会生活和信仰状况，以便向中国人传教，使中国归主。他的另一个目的是帮助与中国有贸易交往的欧洲商人学习实用性的汉语，便于其与中国人沟通，更方便进行贸易交往。前面分析马礼逊的编者主体性时，已经说明他在确定词典类型、规模、蓝本、编纂顺序安排等决策时，都是针对用户需求和使用习惯进行的设计和调整，体现了用户对《华英字典》编纂活动的制约性，而用户的制约性是通过编者来认知和体现的。下一节将从词典文本的译义元语言入手来考察用户在《华英字典》编纂活动中的在场和制约性，以及编者和用户的关系特点。

7.3 《华英字典》编用共同主体性的译义元语言考察

马礼逊在《华英字典》的结构设计和内容设计方面体现了鲜明的主体性,而其主体性表现的一个重要特点就是与词典用户的互动。他把《华英字典》分成部首排序汉英词典、发音排序汉英词典、英汉词典三部分,并且三部分词典都用词典使用者的母语——英语来对汉语进行描述和阐释,这是根据用户查阅词典的实际认知需求而设计词典类型;他暂时中断按部首排序的《字典》的编纂,转而先编纂出版更为实用的音序《五车韵府》,就是针对欧洲词典用户批评《字典》第 1 卷的内容过于冗长而进行的编纂计划调整;词典中某些译义元语言词汇的使用更是明示了他与词典用户的紧密互动关系。

雍和明(2003: 31)提出,词典是编者和用户进行交际的系统。卢华国等(2012:113)也指出,词典编纂从本质上讲是编用之间以词典文本为基础、以社会为背景的一种对话。这种对话就是编者主体和用户主体间的一种交往实践。

第五章对 C 类中的三级义类"组织中的人,人口,人民"的译义元语言词频的分析发现,China、Chinese、Europe(an)、Canton、Peking、Macao 等的词频较高,明示了马礼逊与词典用户之间的互动交际关系。本章依据 Hyland(2005),将《华英字典》中的这类高频词语称作人际互动式标记。Crismore (1989: 2)提出,无论是哪种形式的言语交际,话语都包括两个层面:基本话语(primary discourse)和元话语(metadiscourse)。基本话语表达关于话题的命题信息,元话语告诉读者如何理解、评述关于话题的命题信息。Hyland 将元话语分成两大类:信息交互式(interactive)功能性言语和人际互动式(interactional)功能性言语,它们各自包含五小类。(1)信息交互式功能性言语,包括 1) 过渡标记(and、but、in addition);2) 框架标记(finally、to conclude);3) 内指标记(as noted above、see fig.、in section 1);4) 证据标记(according to X、X says that);5) 语码注释标记(namely、e. g.、such as、in other words)。(2)人际互动式功能性言语,包括 1) 模糊标记(maybe、perhaps、possible);2) 语力标记(in fact、definitely、it is true that);3) 态度标记(unfortunately、I agree);4)介入标记(you can see that、note that、 consider)；5)自我提及标记(I、we、my、our)。（转引自成晓光 2009: 14）

在 Hyland 所区分的两大类标记语中，证据标记和自我提及标记都涉及人称指示语。人称指示语是言语交际中用以表示说话人、听话人或第三者的词语或结构，可以分为三类：第一人称指示语、第二人称指示语和第三人称指示语。人称指示语的选用不仅是交际双方对其所要表达事物的一个指示，而且还表达了彼此之间的关系或对所指的人或物的态度。本节将通过对《华英字典》译义元语言中人称指示语的分析，来进一步认识马礼逊如何与词典用户互动，从而使译义元语言构建的汉语语言文化系统更有效地为词典用户所认知。下面首先分析《华英字典》中的 European(s)在建立编用主体互动关系方面的情况。

7.3.1 《华英字典》中的 European(s)

7.3.1.1 《华英字典》中的 Europeans

名词复数 Europeans 表示欧洲人。《华英字典》中的 Europeans 通常是在比较中西语言和文化时出现。表 7-1 是《华英字典》三部分中 Europeans 出现的次数及主要的搭配情况。

表 7-1 《华英字典》中的 Europeans

《字典》		《五车韵府》		《英汉词典》	
Europeans	20(次)	Europeans	23(次)	Europeans	15(次)
called by Europeans	11	called by Europeans	9	called by Europeans	4
(as) Europeans say	7	(as) Europeans say/speak	5	(as) Europeans say	6
其他	2	to/for/of Europeans	5	其他	5
		其他	4		

Europeans 在《华英字典》中主要用来表示欧洲人如何称呼中国的某个事物或某种概念。如《五车韵府》"片"条目中的"片函"，指出它相当于欧洲人所指的 a line(下画线为笔者所加，下同)：

片 A splinter; a fragment; a bit; a slip; a petal of a flower; a leaf of tea;

the half of. To break asunder; to divide; to judge.

Pëen han | 函 a short note or letter, as Europeans say, A line.

《五车韵府》中，对于老子书中“道”的含义，马礼逊未明确阐释，而是将欧洲的 Eternal Reason、ratio 以及 logos 等概念与“道”相比附，侧重从中西方概念相似的一面来帮助欧洲词典用户理解中国的“道”：

Taou | in the books of Laou-tse is very like the Eternal Reason of which some Europeans speak; Ratio of the Latins, and the Logos of the Greeks.

7.3.1.2 《华英字典》中的 European

《华英字典》中的 European 充当定语，修饰“欧洲的”人、物或地点。如 European reader/student、European boats、European countries/colleges 等。词典三个部分中 European 出现的次数及修饰人、物或地点的具体情况见表 7-2。

表 7-2 《华英字典》中的 European

	European (person)	European (thing)	European (place)	总计
《字典》	10	18	4	40
《五车韵府》	5	30	5	43
《英汉词典》	3	25	3	34

我们首先来看一下 European reader/student 的例子。前文曾提到的《字典》第 1 卷“孚”条目中谈及《诗经》中“在天”一词的含义时有一段评论，以 to an European reader 开头，侧重指出欧洲读者与中国人对 in heaven 与“在天”的不同理解：

To an European reader, to say that persons dead were in heaven, would convey the idea of the soul's separate existence, and immortality; but the Chinese commentators endeavour to explain it as meaning something different, although they do not perceive clearly what it can mean.

《字典》第1卷中"官"条目下，马礼逊对下文为何要补充 Shě-kwan-poo（史官簿）的知识进行了说明，明确指出他的目的是帮助欧洲学生阅读中国书籍，减少认知中国古代官职可能会遇到的障碍：

The want of a tolerable accurate idea of the nature of ancient offices, and the duties to be performed, by those holding them, forms a considerable difficulty to the European student in reading Chinese books: to remove this difficulty in some degree, the following brief analysis of the Shě-kwan-poo is given.

Europeans、European reader/student 等词语提醒词典用户参与互动，显性地构建了编者与欧洲词典用户的互动交际关系，这类词语是 Hyland 所称的人际互动式元话语，它的功能是吸引读者参与讨论。徐赳赳（2006:350）指出，人际互动式元话语"体现了读者和作者关系的亲疏程度、表达了作者的态度，并显示了读者参与的程度"。李秀明（2006:43）认为，人际互动式元话语表明作者对读者的期待(限定读者的范围，预期读者的言语处理能力，希望读者采取的阅读态度)。马礼逊编纂词典的目的是帮助来华传教士及其他需要与中国有贸易往来的商业人士学习汉语。他本人作为成功的汉语学习者，对西方人汉语学习的难点和特点有着切身的认识，他与欧洲词典用户有着相似的语言文化背景、认知结构和思维方式以及欧洲生活经验，他们的主要差异在于两者对汉语语言文化的认知。European(s)正体现了马礼逊与目标词典用户的亲近关系，他根据自己对欧洲词典用户知识水平的认识，召唤用户对语篇中的信息进行积极的回应，借助原有的知识来理解某些中国事物或中国概念，比较中西两种文化的异同。

7.3.2 《华英字典》中指代 Chinese 的 they

European(s)对于同为欧洲人的马礼逊，相当于第一人称，即"我们欧洲人”，因而该词充分体现了译义元语言的交际功能。Chinese、China、Canton、Peking 等与中国相关的词语是与欧洲人或欧洲相对的他者，指代 Chinese 的代词 they 对于编者及西方词典用户来说，是更明显的一种他指。《华英字典》中指代 Chinese 的 they 常常在没有 Chinese 这个前指时直接出现在 they say / define / call / express / use 等 they 结构中，表 7-3 显示了这些词在词典中出现的次数。

表 7-3 《华英字典》中的 they 结构

	they say	they define	they express	they explain	they call	they consider	they use	总计
《字典》	53	8	19	5	31	5	5	126
《五车韵府》	32	1	4	1	9	2	3	52
《英汉词典》	39	1	6	1	42	1	2	92

如 1815 年《字典》第 1 卷“下”词条中，“在下之下对上之称”用 they define 引出。

> 下 HÈA. (笔画分解略) Below, inferior, mean, vulgar. Heá, to descend, to cause to descend. They define it by 在下之下对上之称 Tsae hea che hea, tuy shang che ching. “The below of being below; the opposite of above.”

又如《英汉词典》的 bone 词条中，对“恨如切骨”的解释用 they say 引出。

> BONE, 骨 kŭh; 骨头 kŭh tow. They say, 恨如切骨 hăn joo tsëĕkŭh. hating as if mincing the bones.

上两例中，第三人称代词 they 的所指对象既不在上文，也不在下文，而在词典文本语篇之外，体现了马礼逊对词典用户的人际互动意识。他通过 they 来表明他视用户为自己人，编用双方是同盟关系，从而拉近与用户的心理距离。中国的人和物相对于欧洲人而言是他们共同面对的他者，他相信用户可以自己从语篇中推知 they 的指称对象。they 的使用反映出他的人际意识，可以说，they 结构在《华英字典》中同 European 等词语一样，也具有很强的构建互动交际关系的功能。

7.3.3 《华英字典》三部分词典中交际主体标记语情况对比

Chinese、China、Canton、Peking、European(s)等可以充当表明《华英字典》编用主体交际互动关系的标记语。对三部分词典中这些标记语的统计数据进行比较，可以发现《华英字典》的编用主体性是动态变化的。表 7-4 是《华英字典》三部分词典平均每 100 页中 they 结构和 European(s) 结构的使用情况。

表 7-4 《华英字典》平均每 100 页中的 they 结构和 European(s)结构

	正文页	they 结构		Europeans + European (adj.)结构	
		总个数	个/100 页	总个数	个/100 页
《字典》	2722	126	4.62	60	2.19
《五车韵府》	1086	56	5.15	66	7.06
《英汉词典》	480	92	19.1	49	7.39

从上表可见，三部分词典《字典》《五车韵府》和《英汉词典》中的 they 结构和 European(s)结构每 100 页的个数依次逐步增多，最后编纂出版的《英汉词典》中的每 100 页 they 结构和 European(s)结构的平均个数最多，处于中间的《五车韵府》其次，最先编纂的《字典》最少。说明马礼逊在编纂中交际意识逐步增强，同时也说明《华英字典》编用主体性交互的等级逐步增强，编用两个主体之间已超越了单纯的主体—客体关系模式，词典用户在词典中获得了主体地位，与编者同时在场，以词典文本为中介进行交际互动，表现出交互主体性，用户主体与编者主体进而构成

编用共同主体。

7.4 本章小结

译义元语言系统是编者在译义过程中构建的,必然融入编者的主体性,并显示在译义元语言文本中。词典用户作为词典编纂活动中的另一个主体,用户的特点、需求和接受水平等因素对编者的编纂活动具有制约性。从译义元语言可以分析编者和用户两个主体之间关系的疏离或紧密程度。本章从《华英字典》类型设计、词典编纂和出版顺序调整、《字典》蓝本字典的选择,以及对词条的描述几个方面揭示出《华英字典》编者鲜明的主体性及编者与词典用户的交际互动关系,指出马礼逊与词典用户间通过译义元语言等手段构建了编用共同主体关系,从而使译义元语言构建的汉语语言文化系统为词典用户更有效地认知。

第八章 结 论

本章对整个研究进行回顾和总结,归纳本研究的主要发现,阐述研究的创新之处和相关启示,最后一部分是对后续研究的建议和展望。

8.1 本研究的主要发现

本研究从元语言视角出发,在语言文化场框架中考察了马礼逊《华英字典》译义元语言对中国文化的构建。研究基于"以人类的社会生活为中心,围绕着社会中的人"的文化人类学词汇分类原则,对《华英字典》三部分词典正文的所有译义元语言词汇进行三级语义类别标注和语义分布特征调查,考察译义元语言系统的特征,对中国文化关键词"祭祀"的语言文化场做了个案分析,并对《华英字典》的编用主体因素对中国文化构建的影响进行了考察。本研究主要有三个方面的发现:《华英字典》译义元语言系统偏重制度文化和精神文化的呈现;译义元语言的中国文化构建体现了马礼逊的西方文化立场,特别是其基督教立场;译义元语言的中国文化构建受到《华英字典》编用主体关系的影响。下面将分别加以概述。

8.1.1 《华英字典》译义元语言系统的特点

《华英字典》译义元语言系统按三级义类分类后形成的语言文化场呈现出整体性、层次性、动态性的系统性特点。从系统的整体性来看,译义元语言 14 大语义类别分布没有缺类现象;从系统的层次性来看,按照三级义类分类后形成的语言文化场呈现出鲜明的层次性,《华英字典》三部分词典的语义分布具有一致性，描述制度文化及精神文化的译义元语言比例最高；从系统的动态性来看，译义元语言对中国文化的阐释和意义构建不是通过一个词条一次性就能完成的，而是在整部词典中逐步充实的动态的系统过程。

8.1.2 《华英字典》译义元语言的中国文化构建特点

马礼逊对中国文化的呈现内容具有选择性，偏重对反映中国人与人之间关系及人的精神世界的内容进行呈现，而且他对中国文化的阐释体现了他的西方文化立场和基督教视角，对中国文化的描述和评价有一定的误解和歪曲。他利用译义元语言对中国文化体系的再系统化和自觉重构融入了他的主体认知，译义具有鲜明的主体性。

8.1.3 《华英字典》编用共同主体性对中国文化构建的影响

对《华英字典》词典结构设计和文本内容的分析反映出编纂活动中的编用主体因素对原语文化构建的影响。编者主体根据用户主体的特点和需求考虑文本的特征定位，而用户主体的具体特点和需求则帮助编者明确和细化文本的实际内容与安排。马礼逊与具有共同文化背景的西方词典用户在交际互动的基础上形成了共同主体关系，元话语等译义元语言手段使译义元语言系统构建的原语文化能为词典用户更有效地认知和接受。

8.2 本研究的主要启示

本书通过对《华英字典》译义元语言语言文化场特征的考察，以及译义文化元词-中国文化关键词语言文化场的个案分析，研究了《华英字典》译义元语言构建的中国文化系统的特点，并探讨了编用主体因素对译义元语言的原语文化构建的影响。译义元语言路径的双语词典文化研究突破了以往词条层面文化特色词研究的微观零散性，在双语词典文化研究的内容和方法两方面都有所创新。本研究的启示主要体现在译义元语言理论构建、双语词典文化研究方法论和外向型汉外词典编纂实践三个方面。

8.2.1 本研究的理论意义

目前的词典元语言理论研究集中于单语词典释义元语言研究，且侧重于元语言基本词汇的提取和分析，鲜有针对双语词典，特别是汉外双语词典译义元语言的系统研究。双语词典译义元语言并非单语词典释义元语言的简单对译，它具有区别于释义元语言的独特性，是实现双语词典译义功能的主要手段。本研究将词典元语言研究的范围从单语词典拓展至双语词典，并对《华英字典》译义元语言系统从意义方面进行了较为细致深入的考察，探讨了双语词典译义元语言的特点和功能，阐明了译义元语言对于双语词典文化研究的理论意义和现实价值，进一步拓展了词典元语言理论。本研究是对词典元语言理论研究的必要补充和拓展，有利于构建完整的词典元语言研究体系，同时也可为双语词典学理论研究提供新的研究视角。

8.2.2 本研究的方法论意义

以往的双语词典文化研究主要集中于原语文化特色词译义表征特点微观零散的考察和定性评判，很少从意义角度对原语文化系统的整体特征进行量化的数据分析，并且所选词条多为描述物质文化现象的词语，缺乏文化代表性。本研究从译义元语言出发，对《华英字典》的中国文化呈现特点进行了整体性描述和文化关键词个案研究相结合、定性描述和定量研究相结合、主体和客体相结合的系统性研究，在研究方法上具有较大的创新性，可为未来的双语词典文化研究提供方法论上的借鉴。

虽然译义元语言自双语词典产生就开始存在，但并未真正被有意识地作为研究对象，而是混杂在对原语语言的研究之中。将译语和原语区分开来，从看似庞大繁杂、混乱无序的元语言入手，按一定的标准对其进行分类整理，可以揭示出以往微观的双语词典文化研究难以呈现的特点。本研究利用语料库工具提取了《华英字典》中所有不重复英语词汇及其词频信息，并按《朗文多功能分类词典》以人为中心的原则进行语类标注，使对译义元语言的定性和定量相结合的研究成为可能。

在对译义元语言系统进行整体性考察之后，本研究选取文化关键词进行个案研究，从译义文化元词入手，在语言文化场框架中对关键词在整部词典中的阐释情况进行多层次多维度的系统考察,克服了以往研究中的微观性和缺乏文化代表性的不足。

8.2.3 本研究的现实意义

双语词典编纂活动的主体是编者和用户互动的编用复合主体,其中编者主体对于词典编纂活动具有主导性,能动地改造和操控语言形式和文化信息,使词典为特定用户服务;用户主体对词典编纂活动具有制约性,其需求最终要通过编者来实现。编用主体因素影响和制约双语词典译义元语言系统及其文化构建功能。

首先,双语词典编纂活动是编纂主体的物质性实践活动、认识活动和价值活动的统一。《华英字典》的编纂是马礼逊从基督教立场出发,以西方汉语学习者易于理解的译义元语言——英语对中国文化能动地改造和操控的过程,译义元语言构建的中国语言文化系统融入了西方文化视角的编者对中国文化的认知和评述,其对中国文化的构建、描述和阐释必然带有一定的偏见和歪曲。我国词典编纂者作为汉语母语者需要主动承担起外向型汉外词典编纂的任务,有意识、成体系、有效率地在词典中引入、展现和传播中国优秀传统文化与新型文化,这是我们尊重自己的母语、弘扬中国文化与思想、抵制异化的汉字文化与思想的必然之举。

其次,《华英字典》在编者和用户交际互动的基础上构建了编用共同主体,对于当代外向型词典编纂中构建紧密的编用主体关系,增强译义元语言构建原语文化的有效性具有现实意义。魏向清等(2014:18)指出,当代及未来的学习型词典编纂设计活动的主体特征应当是编用共同主体。当前国外面向英语非母语者的 EFL 单语学习词典已日益重视编用共同主体的构建,其中一个重要的标志就是,释义中自我提及的元话语标记 we 及读者介入元话语标记 you、your 等的使用有逐渐增加的趋势。相比之下,我国为汉语非母语学习者编纂的外向型汉语学习词典多数还是"编者中心""文本中心"的编纂模式,用户的主体性缺失,编用主体之间是疏离的关系。《华英字典》编纂实践活动中编用共同主体构建的现实表明,一定范围内的、特别是小范围内的群体,其内部个人主体之间的关系较为容易协调,而其共同客体也比较具体和直接,因而这种共同主体具有更多的现实性。在当今中国文化走出去的时代大背景下,中国文化的国际传播中，汉语母语者成为最重要的汉语学习词典编纂主体群体，同时汉语非母语词典用户主体在个体特征、学习动机、学习需求及学习环境等方面存在巨大差异。要使中国文化被有效构建和接受，需要保证编者群体主体内部以及用户群体主体内部的各自内在统一性，同时协调汉语母语编者与汉语非母语用户之间的关系，借助合适的元话语手段来体现编者与用户有效的交际互动，从而构建编用共同主体。马礼逊《华英字典》构建编用共同主体的努力对我们当今的外向型汉外词典编纂具有重要的借鉴价值。

8.3 研究不足

本研究从译义元语言角度对《华英字典》的中国文化系统的重构和表征进行研究，在研究内容和方法上均有较大的创新性，但尚存在一定的不足，主要表现在以下四个方面：

第一，元语言系统包括元语言词汇和元语言句法，本研究限于研究目的，重点研究了元语言词汇，未对元语言句法加以特别关注。

第二，在关键词的语言文化场层级个案分析中，受语言文化场规模的影响，未对边缘结构进行考察，这对文化子系统的全面认识有一定影响。

第三，19 世纪是西方来华传教士及其他人士编纂英汉汉英双语词典的高峰期，但本研究仅以马礼逊《华英字典》译义元语言为研究对象，未涉及与西方人编纂的其他早期汉语词典的对比分析。

第四，本研究仅关注了外国人编纂的汉语词典，未考察中国人编纂的外向型汉语词典，如《汉英双解词典》(王还主编，北京语言文化大学出版社，1997)等词典中相应内容的处理，并与之进行对比。

8.4 未来研究展望

本研究存在的不足，给后续研究留下了进一步拓展的空间。在未来的双语词典译义元语言研究中，可以考虑以下几方面：

第一,本研究中制成了《华英字典》译义元语言词表,可用于对特定语义类别的词汇进一步分析。比如对G类中的交际类词汇、语法类词汇等进行考察,分析《华英字典》所体现的学习词典特性的具体特点等。

第二,关注双语词典译义元语言的元句法研究。《华英字典》的译义元语言词汇中,有一些表示元句法的结构,如 they define/express/say、Europeans call 等,可分析词典中这些译义模式的表达特点。

第三,本研究仅对祭祀语言文化场进行了个案考察,后续研究可选取《华英字典》中的其他关键词,从译义文化元词角度进行语言文化场的构建和研究,从而更全面地展示马礼逊对中国文化的认知特点。

第四,可提取19世纪其他来华传教士编纂的代表性词典的译义元语言词汇,从译义元语言角度与《华英字典》进行宏观和微观层面的对比研究,既可以从整体上了解西方人所编纂词典中的中国文化呈现特点及其异同,也可以考察各义类中词汇的异同,以及西方人对中国文化态度的变化情况等。

第五,加强当代外向型汉外词典中编用共同主体构建的理论研究,探索构建共同主体关系的译义元语言手段。同时对我国编纂的外向型汉英学习词典的编用主体关系进行考察,揭示其编用关系的特点,提出针对不同用户群体的改进意见,以增强译义元语言构建原语文化系统的有效性。

参考文献

词典

MORRISON R.《字典》A Dictionary of the Chinese Language(Part I), 3 vols [Z]. Macao: Printed at the Honorable East India Company's Press, 1815, 1822, 1823.

MORRISON R.《五车韵府》A Dictionary of the Chinese Language (Part II), 2 vols [Z]. Macao: Printed at the Honorable East India Company's Press, 1819—1820.

MORRISON R. A Dictionary of the Chinese Language (Part III) [Z]. Macao: Printed at the Honorable East India Company's Press, 1822.

麦克阿瑟. 朗文多功能分类词典:英英、英汉双解[Z]. 上海:上海外语教育出版社,1997(2001 重印).

王引之校. 康熙字典(标点整理本)[Z]. 上海:上海辞书出版社,2008.

论文及专著

AIXELÁ J F. On the cultural aspect of translation [C] // ÁIVAREZ R, VIDAL M C. (eds.). Translation, power, subversion. Clevedon: Multilingual Matters, 1996.

ANNONI M. Culture, power, dictionaries: what lexicography reveals about cultural objects[J]. Semiotica, 2014,198: 261-269.

BÉJOINT H. Modern lexicography: an introduction [M]. Oxford: Oxford University Press,2001.

BROOMHALL M. Robert Morrison, a master builder [M]. New York: George Doran Company, 1924.

CHE W L. A study of the culture-oriented approach adopted by Robert Morrison in A Dictionary of the Chinese Language [D]. Hong Kong Baptist University, 2000.

CRISMORE A. Talking with readers: metadiscourse as rhetorical act [M]. New York: Peter Lang,1989.

DAILY C A. Robert Morrison and the protestant plan for China[M].Hong Kong: Hong Kong University Press, 2013.

GODDARD C & WIERZBICKA A. Semantic primes and cultural scripts in language teaching and intercultural communication[C] // SHARIFIAN & PALMERG (eds.). Applied cultural linguistics: implications for second language learning and intercultural communication. Amsterdam: John Benjamins, 2006.

HARTMANN R R K. & JAMES G. Dictionary of lexicography[Z].London & New York:Routledge, 1998.

HAUSMANN F. The training and professional development of lexicography in Germany[C] // IlSON(ed.). Lexicography: an emerging international profession. Manchester: Manchester University Press, 1986.

HYLAND K. Metadiscourse[M]. London & New York: Continuum,2005.

IVANISHCHEVA O. Culture in contrastive lexicographical prospects [J]. English linguistics research, 2013 2(2).

KATAN D. Translating cultures: an introduction for translators, interpreters and mediators[M]. Manchester: St. Jerome Publishing, 1999.

KOTZE E. Translating culture in bilingual dictionaries[J]. Lexikos, 1999(9): 89-107.

MOROPA K & KRUGER A. Mistranslation of culture-specific terms in Kropf's Kafir-English Dictionary [J]. South Africam journal of African languages,2000,20(1).

MORRISON R. A view of China, for philosophical purposes, containing a sketch of Chinese chronology, geography, religion and customs [M]. Macao: Printed at the Honorable East India Company's Press, 1817.

MORRISON E.(ed.). Memoirs of the life and labours of Robert Morrison, D. D. (vols. 1-2) [M]. London: Longman, Orme, Brown, Green, 1839.

PIOTROWSKI T. Problems in bilingual lexicography [M]. Wrocław: Wydawnictwo, 1994.

PODOLEJ M. Culture in bilingual dictionaries: analysis of cultural content and culture-specific vocabulary in E-P-E dictionaries [D]. Poznań, 2009:51.

ROBERTS R P. Dictionaries and culture [C] // GOTTLIEB H & MOGENSEN J E (eds.). Dictionary visions, research and practice. Amsterdam/ Philadelphia: John Benjamins Publishing Company, 2004.

RODGER L. Beyond butterscotch: the place of cultural knowledge in the bilingual dictionary [C] // CORINO E. et al (eds). Proceedings XII EURALEX international congress. Vol. I. Alessandria: Edizioni dell'Orso, 2006: 567-573.

RYU H G. Morrison's influence on translation, printing and publishing [J]. Asia design discourse Vol IV, 2009(220).

SCRIMGEOUR A. Between lexicography and intercultural mediation: linguistic and cultural challenges in developing the first Chinese-English dictionary[J]. Perspectives, 2016, 24(3): 444-457.

STARR J B. The legacy of Robert Morrison[J]. International bulletin of missionary research, 1998.

SU J. The printing process of the London missionary society among the Chinese[D]. The University of London, 1996.

SVENSÉN B. Practical dictionary [M]. Oxford: Oxford University Press, 1993.

TOMASZCZYK J. The culture-bound element in bilingual dictionaries[C] // HARTMANN R R K (ed.). LEXeter's proceedings. Tübingen: Niemeyer, 1984.

WIERZBICKA A. Understanding cultures through their key words [M].

New York: Oxford University Press, 1997.

WIERZBICKA A. English: meaning and culture[M]. New York: Oxford University Press, 2006.

WIERZBICKA A. Experience, evidence, and sense: the hidden cultural legacy of English[M]. New York: Oxford University Press, 2010.

WIERZBICKA A. Can there be common knowledge without a common language? [J].Common language, 2013(1).

WU X & ZHENG L. Robert Morrison and the first Chinese-English dictionary[J]. Journal of East Asian libraries, 2009,147.

WYLIE A. Memorials of Protestant Missionaries to the Chinese[M]. Shanghai: American Presbyterian Mission Press, 1867.

ZHAO Y C & HUANG J H. The paradox of cultural translation: how to treat cultural information in bilingual dictionaries[C] // CHAN S W (ed.). Translation and bilingual dictionaries. Max Niemeyer Verlag, Tubinggen, 2004.

安华林. 现代汉语释义基元词研究[M]. 北京:中国社会科学出版社,2005.

安华林. 汉语释义元语言理论与应用研究[M]. 上海:学林出版社,2009.

安华林. 从释义元语言的角度谈汉语语文词典的现状与创新[J]. 盐城师范学院学报(人文社会科学版),2011(04):97-101.

安华林,曲维光.《现代汉语词典》释义性词语的统计与分级[J]. 语言文字应用,2004(01):105-111.

安培.《现汉》(第5版)形容词的释义语言中元语言词汇使用规则研究[D]. 河北师范大学硕士论文,2012.

白丽芳. 英汉元语言比较研究[D]. 南京师范大学博士论文,2006.

白丽芳. 英语元语言词汇初步研究[M]. 北京:对外经济贸易大学出版社,2011.

白平. “祭”,“祀”奉义考析[J]. 古汉语研究,2012(01):87-90.

曹建墩. 论儒家祭祀观念的内向化[J]. 史学月刊,2009.

陈铎. 马礼逊《华英字典》英汉翻译研究(A Study on the English-Chinese Translation of Robert Morrison's Dictionary of the Chinese Language)[D]. 澳门大学硕士论文,2013.

陈宏薇. 双语词典编纂的新文化理念——评《新时代英汉大词典》[J]. 外语与外语教学,2005(02):51-54.
陈来. 本体论 佛教观点[C]// 何光沪、许志伟主编. 对话 儒释道与基督教. 北京:社会科学文献出版社,1998.
陈维红. 从心理语言学视角看外向型高级汉英学习词典中汉语文化特色词的处理[D]. 厦门大学硕士论文,2008.
陈伟. 学理反思与策略重构——《英汉词典》中例证翻译的目的性研究[D]. 广东外语外贸大学博士论文,2006.
陈伟. 词典出版:国家文化软实力提升不可忽视的元素[J]. 中国出版,2011(18):3-7.
陈义海. "融通"——文化交流的正途——反思明清之际中西文化交流史[J]. 盐城师范学院学报(人文社会科学版),2009(6):28-31+41.
成晓光. 语言哲学视域中主体性和主体间性的构建[J]. 外语学刊,2009(01):9-15.
房晶,李爽,胡鑫. "场"性分析法新论:再议语言文化场理论与方法[J]. 沈阳师范大学学报(社会科学版),2015 (2):124-127.
封宗信. 语言学的元语言及其研究现状[J]. 外语教学与研究,2005(6):5-12+82.
冯文博.《现代汉语词典》联合型形容词释义元语言的句法语义规则研究[D]. 河北师范大学硕士论文,2008.
冯友兰. 中国哲学史新编[M]. 北京:人民出版社,2001.
郭湛. 论主体间性或交互主体性[J]. 中国人民大学学报,2001(3):32-38.
郭湛. 文化:人为的程序和为人的取向[J]. 中国人民大学学报,2005(4):24-31.
《汉英词典》编写组编. 汉英词典[Z]. 北京:商务印书馆,1985.
何家宁. 语言·文化·词典——英汉语文词典体现文化信息的途径[J]. 外语与外语教学,2001(7):55-57+63.
胡逢建. 语言文化差异与双语词典的编纂[J]. 江西社会科学,1998(6):52-55.
胡开宝. 论异化与《新世纪汉英大词典》中文化特色词的翻译[J]. 外语教学,2006(1):55-60.
胡云凤.《现代汉语词典》偏正式合成名词释义元语言的句法语义规则研

究[D].河北师范大学硕士学位论文,2008.
黄建华,陈楚祥.双语词典学导论(修订本)[M].北京:商务印书馆,2001.
黄欣.比较《新英汉词典》和《英汉大词典》对部分文化局限词的处理[J].辞书研究,1997(1):118-124.
贾未舟.儒学与宗教对话:以"儒家基督徒"为视角[J].江汉论坛,2009(5):57-61.
江桂英.双语学习词典中的文化语境[J].辞书研究,1995(3):67-73.
姜岚,张志毅.语文辞书元语言的规则[J].辞书研究,2004(5):1-10.
江蓝生.《商务馆学汉语词典》序[A].北京:商务印书馆,2006.
克鲁伯,克拉克洪.文化与个人[M].高佳,等译.杭州:浙江人民出版社,1986.
李安兴.双语词典·翻译·文化——论双语词典翻译中文化局限词的处理方法[J].宝鸡文理学院学报(社会科学版).1999(1):45-49.
李葆嘉.汉语元语言系统研究的理论构建及应用价值[J].南京师大学报(社会科学版),2002(4):140-147.
李洁.论双语词典中文化信息的处理[J].佳木斯教育学院学报,2011(4):254-255.
李金艳.马礼逊《华英字典》中儒学思想的译介研究[J].解放军外国语学院学报,2017(4):62-69.
李开荣.文化认知与汉英文化专有词目等值释义[J].南京大学学报(哲学·人文科学·社会科学版),2002(6):150-154.
李明.词典与文化刍议[J].外语与外语教学,1998(10):40-42.
李清桓,邹岚.《说文解字》元语言与古代法律文化[J].广西社会科学,2013(2):143-146.
李秋零.清初"中国礼仪之争"的文化学再反思——兼与安希孟先生商榷[J].中国人民大学学报,2003(3):113-118.
李小敏.现代汉语性质词的基元释义研究[D].南京师范大学硕士论文,2012.
李秀明.汉语元话语标记研究[D].复旦大学博士论文,2006.
李子荣.作为方法论原则的元语言理论[M].哈尔滨:黑龙江人民出版社,2006.

林大津. 浅谈《英汉词典》的“文化注释”及其设计[J]. 辞书研究,1996(2):33-38.
林明金,林大津. 双语词典提供文化信息的途径[J]. 辞书研究,2007(5):70-77+111.
刘华文. 双语词典文本性研究[M]. 南京:南京大学出版社,2017.
刘建基. 译者前言[M]//威廉斯. 关键词:文化与社会的词汇. 北京:生活・读书・新知 三联书店,2005.
刘进田. 文化哲学导论[M]. 北京:法律出版社,1999.
刘森林. 元语用论概述[J]. 解放军外国语学院学报,2004(4):6-10.
刘守华. 文化学通论[M]. 北京:高等教育出版社,1992.
刘羡冰. 马礼逊《英汉字典》初探[C]//张西平、吴志良、彭仁贤编. 架起东西方交流的桥梁——纪念马礼逊研讨会论文集. 北京:外语教学与研究出版社.
刘晓梅,梁青. 浅析《商务馆学汉语词典》例证的文化传播功能[J]. 辞书研究,2011(4):109-120.
卢华国,李平,张雅. 从独白走向对话的词典学[J]. 阅江学刊,2012(6):111-114.
卢骄杰.《现代汉语词典》动词释义模式元语言研究[D]. 华东师范大学硕士论文,2006 7.
马宏基.《管子・形势解》释义元语言中的语义场[J]. 管子学刊,2012(3):13-15.
马建奎. 双语语文词典释义括注中的文化信息[J]. 辞书研究,2010(4):81-87.
闵家胤. 西方文化概念面面观[J]. 国外社会科学,1995(2):64-69.
彭文钊. 俄语语言世界图景的文化释义性研究[D]. 黑龙江大学博士论文,2002.
彭文钊. 俄罗斯团契概念的语言文化学分析[J]. 中国俄语教学,2005:24-29.
蒲玉琳,陈丛梅. 英汉双语词典例证中的文化信息[J]. 绵阳师范学院学报,2012(12)):76-79.
乔俊杰.《说文解字》释义元语言研究[M]. 北京:九州出版社,2013.
屈文生. 早期中文法律词语的英译研究——以马礼逊《五车韵府》为考察

对象[J]. 历史研究,2010(5):79-97+190-191.
沈国威. 理念与实践:近代汉外词典的诞生[J]. 学术月刊,2011a(4):121-130.
沈国威. 近代英华华英辞典解题[M]. 大阪:关西大学出版社,2011b.
司佳.《五车韵府》的重版与十九世纪中后期上海的英语出版业[J]. 史林,2009(2):6-13+187.
苏新春. 元语言研究的三种理解及释义型元语言研究评述[J]. 江西师范大学学报,2003(6):93-102.
苏新春. 汉语释义元语言的功能特征与风格特征[J]. 辞书研究,2004(5):11-21.
苏新春. 汉语释义元语言研究[M]. 上海:上海教育出版社,2005.
孙尚扬. 现代境遇中的儒耶互动[C] // 罗秉祥、赵敦华主编.基督教与近代中西文化. 北京:北京大学出版社,2000.
塔尔斯基. 语义性真理概念和语义学的基础[C] // 马蒂尼编. 语言哲学. 牟博,等译. 北京:商务印书馆,1998.
谭树林. 马礼逊与中西文化交流[M]. 杭州:中国美术学院出版社,2004.
谭树林.《华英字典》与中西文化交流[J]. 中华文化论坛,2013(1):143-146.
陶原珂. 汉英词典中的文化义差及语差释义[J]. 深圳大学学报(人文社会科学版),2004(2):104-108.
万江波. 双语词典的翻译研究[D]. 上海外国语大学博士论文,2005.
汪家熔. 试析马礼逊《中国语文词典》的活字排印——兼与张秀民、叶再生先生商榷[J]. 北京印刷学院学报,1996(2):42-51.
王馥芳,陆谷孙. 外语学习中双语词典的积极作用[J]. 国外外语教学,2005(3):56-62.
王洪明. 俄汉阐释动词词义的元语言释义对比[D]. 黑龙江大学博士论文,2011.
王会杰.《汉英综合大词典》文化特色词翻译中存在的几个问题[J]. 内蒙古民族大学学报,2007(2):32-34.
王建莉. 古代释义元语言的文化内容及特点[J]. 内蒙古社会科学,2007(4):143-146.
王雪娇. 从马礼逊《华英字典》看红楼梦在英语世界的早期传播[J]. 红楼

梦学刊,2013(04):309-325.
王亚军. 外向型汉英词典中文化局限词的翻译[J]. 厦门理工学院学报,2008(3):104-108.
王玉梁. 论主体性的基本内涵与特点[J]. 天府新论,1995(6).
威廉斯. 关键词:文化与社会的词汇[M]. 刘建基,译. 北京:生活·读书·新知三联书店,2005.
魏向清. 外向型汉英词典编纂的文化传播及其原则初探[J]. 广东外语外贸大学学报(增刊),2005a.
魏向清. 双语词典译义研究[M]. 上海:上海译文出版社,2005b.
魏向清.《新时代英汉大词典》译义元语言的系统构建[C] // 魏向清,郭启新主编. 新时代·新理念·新词典:《新时代英汉大词典》全国学术研讨会论文集.西安:陕西师范大学出版社,2005c.
魏向清,耿云冬,王东波. 中国外语类辞书编纂出版30年(1978—2008):回顾与反思 [M]. 上海:上海辞书出版社,2011.
魏向清,耿云冬,卢华国. 双语学习型词典设计特征研究[M]. 北京:外语教学与研究出版社,2014.
翁晓玲.《现代汉语词典》形容词释义模式元语言研究[D]. 华东师范大学硕士论文,2007.
翁晓玲. 基于元语言的对外汉语学习词典释义模式研究[D]. 华东师范大学博士论文,2011.
吴国华,彭文钊. 论语言世界图景作为语言学的研究对象[J]. 外语与外语教学,2003(2):5-9.
吴建平. 双语词典增加文化信息的方法[C] // 第二届全国双语词典学术研讨会暨福建省辞书学会第九届年会论文集,1996.
吴义雄. 在宗教与世俗之间:基督教新教传教士在华南沿海的早期活动研究[M]. 广州:广东教育出版社,2000.
吴正选. 楚金莲论中国宗教的若干特征[C] // 傅有德等主编.跨宗教对话:中国与西方. 北京:中国社会科学出版社,2000.
伍萍. 英语学习词典文化信息多维处理模式探究[J]. 广东外语外贸大学学报,2012(1):62-66.
武建宇,宋文辉. 辞书元语言的构建原则[J]. 辞书研究. 2009(4):1-12.
夏立新. 对外汉语学习词典的出版和使用者调查研究[J]. 出版科学,

2009(1):65-69.
肖雁. 儒学与以“天”“祖”崇拜为核心的中国人宗教信仰系统的发展[J]. 世界宗教研究,2010(4):165-170.
解海江. 汉语编码度研究[D]. 厦门大学博士论文,2004.
熊月之. 西学东渐与晚清社会[M]. 上海:上海人民出版社,1994.
徐赳赳. 关于元话语的范围和分类[J]. 当代语言学,2006 (4):345-353+380.
徐丽. 汉语类别词的基元——同场释义研究[D]. 南京师范大学硕士论文,2011.
许琳. 汉语国际推广的形势和任务[J]. 世界汉语教学,2007(2):106-110.
许威汉,徐时仪. 语言文化差异的比较——双语词典编纂的灵魂[J]. 外语与外语教学,1998(8):53-55.
颜宝琴. 双语词典中“文化注释”的优化设计[D]. 福建师范大学硕士论文,2012.
杨慧玲. 马礼逊的汉英英汉词典研究回顾与展望[C] // 张西平,吴志良,彭仁贤编.架起东西方交流的桥梁——纪念马礼逊来华 200 周年学术研讨会论文集. 北京:外语教学与研究出版社,2011.
杨慧玲. 19 世纪汉英词典传统——马礼逊、卫三畏、翟里斯汉英词典的谱系研究[M]. 北京:商务印书馆,2012.
杨金华. 释词简约有碍对外汉语词典发挥其应有的作用[J]. 辞书研究,2007(4):55-64.
姚喜明. 汉英词典编纂中文化特色词的处理[J]. 上海翻译,2010(4):53-56.
叶再生. 马礼逊与《中国语文字典》[J]. 新闻出版交流,2003(3):50-53.
尹延安. 马礼逊《华英字典》英译中医语汇浅析[J]. 湖北函授大学学报,2016(1):153-154+159.
雍和明. 交际词典学[M]. 上海:上海外语教育出版社,2003.
于岚. 漫谈元语言与翻译[J]. 解放军外国语学院学报,1988(3):7-12.
余静斐. 中医词语早期的英译研究——以马礼逊《华英字典》为考察对象[D]. 广州中医药大学硕士论文,2012.
语言学百科词典编委会. 语言学百科词典[Z]. 上海:上海辞书出版

社,1993.
詹鄞鑫. 神灵与祭祀[M]. 南京:江苏古籍出版社,1992.
张建理. 词义场·语义场·语义框架[J]. 浙江大学学报(人文社会科学版),2000(3):112-117.
张津,黄昌宁. 从单语词典中获取定义原语的一种方法[J]. 清华大学学报(自然科学版),1997(3):29-34.
张劲松. 双语词典中的文化局限词及其处理[J]. 集美大学学报(哲学社会科学版),2001(4):83-87.
张菁.《说文解字》中与祭祀文化相关的汉字研究[D]. 山西大学硕士论文,2013.
张静娜. 汉英双语词典中文化特色词的处理方法探析——“三大汉英双语词典”的对比研究[D]. 中南大学硕士论文,2009.
张丽娟.《现代汉语词典》动宾式动词释义元语言的句法语义规则研究[D]. 河北师范大学硕士论文,2008.
张冕. 马礼逊《华英字典》宗教词语特征研究[D]. 澳门大学硕士论文,2012.
张少英. 动词释义元语言研究初探[D]. 北京语言大学硕士论文,2006.
张西平. 马礼逊词典中的基督教词汇研究[C] // 张西平,吴志良,彭仁贤编. 架起东西方交流的桥梁——纪念马礼逊来华 200 周年学术研讨会论文集. 北京:外语教学与研究出版社,2011.
张西平,吴志良,彭仁贤. 架起东西方交流的桥梁——纪念马礼逊来华 200 周年学术研讨会论文集[C]. 北京:外语教学与研究出版社,2011.
张西平等. 马礼逊研究文献索引[Z]. 郑州:大象出版社,2008.
张新卫. 俄语语言世界图景多维研究[D]. 南京师范大学博士论文,2012.
张志强. 双语词典中的“文化词语”释义[J]. 四川外语学院学报,2002(1):123-124.
章宜华. 语义学与词典释义[M]. 上海:上海辞书出版社,2002.
章宜华. 内向型普通词典与外向型学习词典的对比研究[J]. 广东外语外贸大学学报,2010(5):5-9.
章宜华. 对外汉语学习词典释义问题探讨——国内外二语学习词典的对比研究[J]. 世界汉语教学,2011(1):120-128.
赵克生. 明清时期天主教中国教区的“祭礼之争”——一种礼仪视角的考

察[J]. 中国社会科学,2003(4):146-151.
赵雪琴. 双语词典编纂文化观[J]. 辞书研究,2004(6):59-64.
郑振伟. 澳门教育史论文集(第二辑)[C]. 北京:中国社会科学出版社,2012.
郑中求. 马礼逊《华英字典》与《诗经》的早期英译[J]. 河北联合大学学报(社会科学版),2013(5):159-162.
郑祖基. 马礼逊的儒学观[C] // 郑振伟主编. 澳门教育史论文集(第二辑). 北京:中国社会科学出版社,2012.
钟少华. 中国近代新词语谈薮[M]. 北京:外语教学与研究出版社,2006 .
钟少华. 马礼逊字典中的中国传统习俗[C] // 张西平,吴志良,彭仁贤编. 架起东西方交流的桥梁——纪念马礼逊来华 200 周年学术研讨会论文集. 北京:外语教学与研究出版社,2011.
周光庆.文化关键词研究刍议[J]. 华中师范大学学报(人文社会科学版),2009(5):91-97.
周光庆.汉语词汇认知文化机制研究[M]. 北京:商务印书馆,2012.
周相利,程瑾.略论双语词典的文化信息[J]. 山东师范大学外国语学院学报(基础英语教育),2004(2):106-109.
朱凤.马礼逊《华英字典》中的成语和谚语[J]. 国际汉语教学动态与研究,2005(1).
卓新平.马礼逊与中国文化的对话[C] // 张西平,吴志良,彭仁贤编. 架起东西方交流的桥梁——纪念马礼逊来华 200 周年学术研讨会论文集. 北京:外语教学与研究出版社,2011.
兹古斯塔. 词典学概论[M].林书武,等译. 北京:商务印书馆,1983.